BALA

ISBN 979-8-89322-293-7

Dedicated to my parents for their
constant encouragement and support
&
Mr. Anand Kr Peter Sah my teacher,
mentor and guide..

About the Author

Bala is a common man who lives a common life. Born in Kolkata, the city of culture and art, he became inclined towards writing and poetry since childhood. Living the tasks and emotions of life made him realize that every person goes through the same phases and life is not unique in itself but in the way it treats every soul equally. He has penned down his learnings and experiences from each emotional stage of life in this book and hopes to connect with others and make them realize that they are not alone but together in this journey called "Life".

बाला एक आम आदमी है जो आम जिंदगी जीता है। संस्कृति और कला की नगरी कोलकाता में जन्मे बचपन से ही उनमें लेखन और कविता की ओर रुझान हो गया। जीवन के कार्यों और भावनाओं को जीने से उन्हें एहसास हुआ कि हर व्यक्ति एक जैसे ही दौर से गुजरता है और जीवन अपने आप में अद्वितीय नहीं है बल्कि इस रूप में अद्वितीय है कि यह हर आत्मा के साथ समान व्यवहार करता है। उन्होंने इस पुस्तक में जीवन के प्रत्येक भावनात्मक चरण की सीख और अनुभव को कलमबद्ध किया है और दूसरों के साथ जुड़ने की उम्मीद करते हैं और उन्हें एहसास दिलाते हैं कि वे अकेले नहीं हैं बल्कि उस यात्रा में एक साथ हैं जिसे "जिंदगी" कहा जाता है।

Contents

ज़िंदगी

वो हवाओ से गुजरती हुई रेत

वो बादलों में छिपती बूँदें

वक़्त को चीरते हुए पंख

दिल में बसी ख्वाइशे

मुट्ठी भर ज़िंदगी में कैद नहीं कुछ भी...

बस उंगलियों के दरारो से सांसे मिल आती है सबसे...

हमें रिश्तों की दूरियों का एहसास होता है

जब रोज़ अपनों के पास रहता हूँ...

कुछ रिश्ते याद आते हैं उन्हीं आँखों में...

उन्हीं मुस्कुराहट के फासलों में...

कहने की ताक़त नहीं ना एहसास-ए-ख़ता है...

क्या हुआ क्यों हुआ ना किसी को पता है...

पर है फासले ख़ुशियों के दरमियान

यादो के मैखानों से गुज़रते ही लगता है

मुट्ठी भर ज़िंदगी में कैद नहीं कुछ भी

बस उंगलियों के दरारो से सांसे मिल आती है सबसे...

मंजिले गैर नहीं हमसे, बस अंजान है

उम्मीदों के रिश्ते से बंधी ये पहचान है

राहों में हम नहीं, वक्त चलता रहता है

हम उसके साये में खुद को छुपा लेते हैं

मासूम दिल को ख्वाहिशों के खिलोने से बेहला लेते हैं

बीते लम्हों की कड़िया जोड़ कर यूं ही मुस्कुराते हैं

हम अपनी ही यादों की हथकड़िया बना लेते हैं...

तिनके सी ज़िंदगी उम्मीद किनारा है

ऐसा ही अपना ख्वाहिशों का पिटारा है...

कल को बांधना चाहु कि आज कहीं गुजर न जाये

बेजुबां लम्हा ना जाने क्या कह जाए

रोककर खुदको अगर वक्त थम जाता तो क्या बात होती!

पर मुट्ठी भर ज़िंदगी में कैद नहीं कुछ भी...

बस उंगलियों के दरारो से सांसे मिल आती है सबसे...!!!

Zindagi

Woh hawao se guzarti hui ret
Woh badalo mein chipti boonde
Wakt ko cheerte hue pankh
Dil mein basi khwaishe
Muthi bhar zindagi mein kaid nahi kuch bhi...
Bas ungliyo ke dararo se saanse mil aati hai
sabse...

Humein rishto ki duriyo ka ehsaas hota hai
Jab roz apno ke paas rehta hoon...
Kuch rishte yaad aate hai unhi ankho mein..
unhi muskurahat ke faslo mein..
Kehne ki takat nahi na ehsas-e-khata hai...
Kya hua kyo hua na kisi ko pata hai...
Par hai faasle khushiyo ke darmiyaan
Yaado ke maikhano se guzarte hi lagta hai
Muthi bhar zindagi mein kaid nahi kuch bhi
Bas ungliyo ke dararo se saanse mil aati hai
sabse...

Manzile gair nahi humse, bas anjaan hai
Ummeedo ke rishto se bandhi ye pehchaan
hai
Raho mein hum nahi, wakt chalta rehta hai
Hum usi ke saaye mein khud ko chupa lete hai
Masoom dil ko khwaisho ke khilone se behla
lete hai
Beete lamho ki kadiya jod kar yuhi muskurate
hai
Hum apni hi yado ki hathkadiya banalete hai...
Tinke si zindagi ummeede kinara hai
Aisa hi apna khwaisho ka pitara hai...
Kal ko bandhna chahu ki aaj kahi guzar na jaye
Bazubaan lamha na jaane kya keh jaye
Rokkar khudko agar wakt tham jata to kya
baat hoti!
Par muthi bhar zindagi mein kaid nahi kuch
bhi...
Bas ungliyo ke dararo se saanse mil aati hai
sabse...!!!

रहगुज़र

मंज़िले बदलती रही हर मोड़ पर

रस्ते बदलते रहे यु इस कदर

वक्त ही ना मिला खुद को समझने के लिए

समझते रह गए हम हर रहगुज़र!!

दिल से करता रहा बातें... खुद को दिलासा भी दिया...

"धीमे चल ज़रा, लंबी है ज़िंदगी... थोड़ा संभल... अब तो ठहर!

दोपल मुस्कुरा ले... हंस ले जरा... पता तो कर तू है कहाँ??"

नाकाम कोशिशें चलती रहेंगी... ज़िंदगी की रफ़्तार तो बढ़ती रहेगी...

उसका लुफ्त उठाना होगा... हमें मुस्कुराना होगा

हर मोड़ के बदलते ही खुद को बदलना होगा

हर नई राह में खुद संभलना होगा

तभी तो आएगी ये सेहर ....

तभी तो समझेंगे हर रहगुज़र!!

Rehguzar

Manzile badalti rahi har mod par
Raste badalte rahe yu is kadar
Wakt hi na mila khud ko samajne ke liye
Samajte rah gaye hum har rehguzar!!
Dil se karta raha batein.. khud ko dilasa bhi diya...
"Dheeme chal zara, lambi hai zindagi...thoda sambhal..ab to thahar!
Do pal muskura le...hass le zara..pata to kar tu hai kaha??"
Nakaam koshishe chalti rahegi..zindagi ki raftar to badhti rahegi ..
Uska luft uthana hoga...hamein muskurana hoga
Har mod ke badalte khud ko badalna hoga
Har naye raah mein khud ko sambhalna hoga
Tabhi to aayegi har seher....
Tabhi to samjhenge har rehguzar!!

लम्हा

एक बेहतरीन लम्हे की तलाश है

जो हमेशा पास रह जाए...

उन्हें दिल से जुदा ना कर पाये कोई...

बस यूं ही उसका एहसास रह जाए...

आंसू को गलत ना समझो...

ये भी तो एहसासे समुंदर की नज़ाकत है...

पर मुझे... मुझे तो बस उस लम्हे की तलाश है

जिसके जाने पर भी मन में उसका अंदाज़ रह जाए...

Lamha

Us behterein lamhe ki talash hai
jo hamesha paas reh jaye...
unhe dil se juda na kar paye koi...
bas yuhi ehsaas reh jaye...
ansuo ko galat na samjho.....
ye bhi to ehsaase samundar ki nazakat hai...
par mujhe...mujhe to bas us lamhe ki talash
hai
jiske jaane par bhi mann mein uska andaaz
reh jaye....

मैं कैसा इंसान हूं

मैं आज बैठा सोच रहा हूं...

कि मैं कैसा इंसान हूं...

कोई कहता मैं शातिर बड़ा

कोई कहता मैं नादान हूं...

कोई नापसन्द करता है मुझको...

कहता है मैं उन जैसा नहीं

कोई इतना प्यार करता है

कहता है मुझ जैसा कोई नहीं...

लोगो के इस विचित्र ख़्याल से मैं अंजान हूं

कोई कहता मुझमें खोट अनेक

तो कोई कहे मैं इंसान हूं...

किसी ने कहा कि मैंने जीवन में

कई गलतिया की है...

किसी ने कहा मैंने अपनी

सारी ग़लतियों से सीखा है

कोई ये कहता है मैंने

अपने जीवन को सुधार लिया

तो कोई दावे से कहता है

मैं बहुत बेईमान हूं...

इन्हीं बातों को लेकर सोच रहा हूं...

मैं सच में कैसा इंसान हूं!!

Main kaisa insaan hoon

main aaj baitha soch raha hoon..

ki main kaisa insaan hoon...

koi kehta main shatir bada

koi kehta main nadaan hoon...

koi napasand karta hai mujhko...

kehta hai main un jaisa nahi

koi itna pyaar karta hai

kehta hai mujhsa koi nahi...

logo ke is vichitra khayal se main anjaan hoon

koi kehta mujhme khot anek

to koi kahe main insaan hoon...

kisi ne kaha ki maine jeevan mein

kai galtiya ki hai..

kisi ne kaha maine apni

sari galtiyo se seekha hai

koi ye kehta hai ki maine

apne jeevan ko sudhar liye

to koi daave se kehta hai

ki main bahut beimaan hoon...

inhi baato ko lekar soch raha hoon..

ki main sach mein kaisa insaan hoon!!!

नशा

सीखा है मैंने जीने के लिए नशा करना भी जरूरी है...

सच तो यह है कि पूरी दुनिया नशे के बिना अधूरी है...

प्रगति में अभिमान का नशा... चारो तरफ विज्ञान का नशा...

शोहरत और दौलत का नशा है... तो कहीं भक्ति और भगवान का नशा...

अधूरे कोक को संतन ना नशा... कहीं ऊंचे मकान का नशा...

किसी को दर्द में मुस्कुराने में मज़ा आता है...

तो कहीं किसी की मुस्कान का नशा...

गौर से देखो तो ये दुनिया की मजबूरी है

सच ही तो है ये दुनिया... नशे के बिना अधूरी है...

सजने संवरने का नशा टूट के बिखरने का नशा...

हिम्मत और मेहनत से आगे बढ़ता है कोई...

तो कहीं बैठे डरने का नशा...

आहे भरने का नशा... किसी पे मरने का नशा...

कोई नफ़रत में डूबता है तो कहीं प्यार करने का नशा...

नशे के लिए कहां विषपान जरूरी है??

पर सच है नशे के बिना ये दुनिया अधूरी है...

अपने ही दर्द में जलने का नशा... गिरकर फिर संभलने का नशा...

कुछ और कदम चलने का नशा... हर मुश्किल को निगलने का नशा...

दिल में मुहब्बत के पलने का नशा...

किसी से पहली बार मिलने का नशा...

ज़िंदगी को पूरी तरह जीने का नशा...

अंत में मुस्कुराकर ढलने का नशा...

ज़िंदगी में नशे का रंग हर पल सिन्दरी है...

सच है कि नशे के बिना ज़िंदगी अधूरी है!!

Nasha

seekha hai maine jeene ke khaatir nasha karna bhi zaruri hai...

sach hi to hai ki poori duniya nashe ke bina adhoori hai...

pragati mein abhimaan ka nasha.. chaaro taraf vigyaan ka nasha..

shohrat aur daulat ka nasha hai.. to kahi bhakti aur bhagwan ka nasha...

adhure kok ko santaan na nasha.. kahi ooche makaan ka nasha..

kisi ko dard mein muskurane mein mazaa aata hai..

to kahi kisiko kisiki muskaan ka nasha...

gaur se dekho to ye duniya ki majboori hai

sach hi to hai ye duniya..nashe ke bina adhoori hai..

sajne savarne ka nasha tootke bikharne ka nasha..

himmat aur mehnat se aage badta hai koi..

to kahi baithe darne ka nashaa...

aahe bharne ka nasha.. kisi pe marne ka nasha..

koi nafrat mein doobta hai to kahi pyaar karne ka nasha..

nashe ke liye kaha vishpaan zaruri hai??

par sach hai nashe ke bina ye duniya adhoori hai...

apne hi dard mein jalne ka nasha.. girkar fir sambhalne ka nasha..

kuch aur kadam chalne ka nasha.. har mushkilo ko nigalne ka nasha...

dil mein muhobbat ke palne ka nasha..

kisi se pehli baar milne ka nasha...

zindagi ko poori tarah jeene ka nasha..

anth mein muskurakar dhalne ka nasha..

zindagi mein nashe ka rang har pal sindoori hai..

sach hai ki nashe ke bina zindagi adhoori hai!!

घर चल ऐ दिल

घर चल ऐ दिल अब किसका इंतज़ार है

वो रोशनी जिसकी तलाश में तू निकला था कब का सागर की गोद में सो गई है

तूने कभी देखा, ना सोचा, ना समझा, कितने मोड़ ले लिए उसे पाने के खातिर

कितने मोड़ छोड़ दिये उसे पाने के खातिर

फिर कुछ तितलियां मिली राह में, मन भी खुश हुआ

पर ये दो पल का साथ कब तक रहता... जुगनू के उजालों में ये रात कब तक रहता

आज सागर ना रहा तेरा ना वो रोशनी

बस याद करता है तो वो घर जिसे तू छोड़ निकल पड़ा था

पर अब लौटेगा कैसे... कैसे सुनेगा अपनी बेवफाई का राग

कैसे नज़रे मिलाएगा उन खिड़कियों से जो तेरी राह देखा करती है

शायद तेरा अकेला रहना ही ठीक है

पर उस घर के सवालो के जवाब तुझे देने होंगे

इतना तो उसका हक है तुझपर... तूने तो अपनी राह चुनली पर एक बार...

बस एक बार घर चल ऐ दिल... अब किसका इंतज़ार है!!

Ghar chal ay dil

ghar chal ay dil ab kiska intezaar hai

woh roshni jiski talash mein tu nikla tha kab ka

saagar ki gowd mein so gayi hai

tune kabhi dekha, na socha, na samjha, kitne

mod le liye use pane ki khatir

kitne mod chod diye use pane ki khatir

fir kuch chehekti panchiya raah mein mili aur

mann bhi khush hua

par ye do pal ka sath kab tak rehta..jugnu ke

ujalo mein ye raat kab tak rehta

aaj sagar na raha tera na who roshni

bas yaad karta hai to woh ghar jise tu chod

nikal pada tha

par ab lautega kaise.. kaise sunayega apni

bewafai ka raag

kaise nazre milayega un khidkiyo se jo teri

raah dekha karti hai

shayad tera akela rehna hi theek hai

par us ghar ke sawalo ke jawab tujhe dene honge

itna to uska haq hai tujhpar.. tune to apni raah chunli par ek baar...

bas ek baar ghar chal ay dil...ab kiska intezaar hai!!

राह

जिस राह पर मैं चल रहा हूं

वहां एक पेड़ नहीं दिखता...

एक फूल नहीं दिखता...

वो आसमां नहीं दिखता...

बस एक राह दिखती है जिसका कोई मक़ाम नहीं दिखता...

फिर भी चल रहा हूँ

ये सोचके कि शायद कोई मोड़ आ जाए

जहां मेरे नंगे पैर कुछ सुकुन पाए

एक नदी मिल जाए जहां ये सूखे होठ अपनी प्याज बुझाए

पर लगता है उम्मीद अपनी मंज़िल बदल चुकी है

कि मुझे अपनी सांसों का अंजाम नहीं दिखता...

बस एक राह दिखती है जिसका कोई मक़ाम नहीं दिखता...

दो बूंद जब गालों पे गिरी तो लगा खुशियों की बरसात होगी

फिर अपनी ही नादानी पे हंसी आ गई

कि ये मेरे भीगी नज़रो की इनायत थी

दो पल संभलने की ख्वाहिश हर पल मुझमें थी

कभी लगा पुराने लम्हे फिर जी लूं

मुड़ के जब देखा तो रो पड़ा

कि मुझे अपने ही पैरों का निशान नहीं दिखता

बस एक राह दिखती है जिसका कोई मक़ाम नहीं दिखता!!

Raah

jis raah pe main chal raha hoon

vahan ek ped nahi dikhta..

ek phool nahi dikhta..

woh asmaan nahi dikhta...

bas ek raah dikhti hai jiska koi makaam nahi dikhta...

fir bhi chal raha hoon

ye sochke ki shayad koi mod aa jaye

jaha mere nange pair kuch sukun paye

ek nadi mil jaye jaha ye sukhe hoth apni pyaaz bujhaye

par lagta hai ummeede apni manzile badal chuki hai

ki mujhe apni saanso ka anjaam nahi dikhta..

bas ek raah dikhti hai jiska koi makaam nahi dikhta...

do boond jab gaalo pe giri to laga khushiyo ki barsaat hogi

fir apni hi nadaani pe hasi aa gayi

ki ye mere bheegi nazro ki inayat thi

do pal sambhalne ki khwaish har pal mujhme thi

kabhi laga purane lamhe fir jee loon

mud ke jab dekha to ro pada

ki mujhe apne hi pairo ka nishaan nahi dikhta

bas ek raah dikhti hai jiska koi makaam nahi dikhta!!

मेरी राह पर मुझे खुद ही चलने दे

मुझे टूटने दे, मुझे बिखरने दे

मुझे गिरने दे, फिर खुद संभलने दे

मुझे तेरी ज़रूरत तो बेशक़ है

पर मेरी राह पर मुझे खुद ही चलने दे...

चोट लगेगी और दर्द भी होगा

पर इस एहसास को मेरे ही अंदर रहने दे

मुझे तेरी ज़रूरत तो बेशक़ है

पर मेरी राह पर मुझे खुद ही चलने दे

मेरी मंज़िल न तू समझ सका है न समझ सकेगा

मेरा कारवां तुझे अजीब सा ही लगेगा

के तेरे और मेरे रस्तो में फासले तो बहुत है

तेरे और मेरे मंज़िलों में रास्ते भी बहुत हैं

मेरे लिए ना तू बदलेगा ना तेरे लिए मैं बदल सकता हूँ

तेरी ख़ुशी की खातिर ना तेरी राह पर चल सकता हूँ

शायद मैं गलत हूं... या फिर शायद सही

पर ये मशाल मेरी है... सिर्फ मेरी

मुझे इसी की आग में जलने दे

मुझे तेरी ज़रूरत तो बेशक़ है...

पर मेरी राह पर मुझे खुद ही चलने दे...

Meri raah par mujhe khud hi chalne de

Mujhe tootne de, mujhe bikharne de

Mujhe girne de, fir khud sambhalne de

Mujhe teri zarurat to beshak hai

par meri raah par mujhe khud hi chalne de...

Chot lagegi aur dard bhi hoga

par is ehsaas ko mere hi andar rehne de

mujhe teri zarurat to beshak hai

par meri raah par mujhe khud hi chalne de

Meri manzil na tu samaj saka hai na sakega

Mera karwaan tujhe ajeeb sa hi lagega

ke tere aur mere raasto mein faasle to bahut hai

tere aur mere manzilo mein raaste bhi bahut hai

Mere liye na tu badlega na tere liye main badal sakta hoon

Teri khushi ki khatir na teri raah par chal sakta hoon

Shayad main galat hoon...ya fir shayad sahi

par ye mashal meri hai..sirf meri

mujhe isi ki aag mein jalne de

Mujhe teri zarurat to beshak hai..

par meri raah par mujhe khud hi chalne de....

मैं और मेरा बचपन

अपनी ख्वाहिशों को कंधे पे लिए कुछ दब सी गई है मुस्कुराहटें

उन पहली बारिशों में अपनी आँखों से गिरे बूँदों को छुपाते हुए

हम कहीं उमर के तराजू में खुद को तोल कर बिखर गए हैं...

अपने आने वाले कल से कुछ डर से गए हैं...

बचपन के बेख़ौफ़ तबस्सुम से पूछा मैंने

तू मुझसे इतना जुदा क्यों है...

तुझ में खुदा क्यों है...

बचपन ने कहा -

मेरी ज़रूरतें ही मेरी ख्वाहिशें थीं... तेरी ख्वाहिशें तेरी ज़रूरतें बन गयीं

अपनों से घिरे रहना मेरा मकसद था... अपने से घिरे रहना तेरी आदतें बन गई

अपने इस वेहम से बचने के लिए तू ना जाने क्या कर रहा है

अपने आने वाले कल से ना जाने क्यों डर रहा है...

बचपन के बेख़ौफ़ तबस्सुम से ने कहा मुझसे

तू मुझसे इतना जुदा नहीं है...

मैं जहां तुझसे मिला था... बस तू वहां नहीं है...

Main aur Mera Bachpan

Apni khwaisho ko kandhe pe liye kuch dab se gayi hai muskurahatein

Un Pehli barishon mein apni ankho se gire boondo ko chupate hue

Hum kahi umr ke tarazu mein khud ko tol kar bikhar se gaye hai...

Apne aane wale kal se kuch darr se gaye hai...

Bachpan ke bekhauf tabassum se poocha maine

Tu mujhse itna juda kyo hai...

Tujh mein khuda kyo hai...

Bachpan ne kaha:

Meri zarurate hi meri khwaishe thi...teri khwaishe teri zaruratein ban gayi

Apno se ghire rehna mera maksad tha...Apne se ghire rehna teri aadatein ban gayi

Apne is vehem se bachne ke liye tu na jane kya kar raha hai

Apne aane wale kal se na jaane kyo dar raha hai...

Bachpan ke bekhauf tabassum se ne kaha mujhse

Tu mujhse itna juda nahi hai...

Main jaha tujhse mila tha...bas tu waha nahi hai...

ये चंद लम्हों की सादगी

ये चंद लम्हों की सादगी कही उम्र भर का मकाम बन

गया तो क्या होगा

तेरी यादों को समेटे ख्वाबो का आशियाना बन गया तो क्या होगा

तेरे रूठने पे भी इश्क का सबब मिलता है

तेरे मुस्कुराने से मेरा आसमान बन गया तो क्या होगा!!

मेरे जनाज़े पे रहम ना कर, ऐ मेरे दोस्त तू खुद पे ये सितम ना

कर

जाना तो है कांधे पे मुझको भी कभी... कि आज मेरा भी सामान

बन गया तो क्या होगा

तेरे शहर में चीख-चीख कर मैंने अपनी कहानी दोहराई थी

तेरी नाराज़गी ही मेरी मौत का फरमान बन गया तो क्या होगा...

मैं ज़िंदा हूं अपने ख्वाबो के आंगन में

हर रोज़ चाँद और सूरज से मिलकर आता हूँ

कभी फुर्सत में मुझे मिल ने मेरे घर तो आओ...

तुम्हे भी उनसे मिलवाता हूँ...

भरके चार बूंद अपने सपनों के तेरे प्याले में

आ मैं तेरी दबी प्यास भी बुझाता हूं...

तू मुझे ना समझे तो कोई बैर नहीं

सोच... सोच तू अगर मेरा मेहमान बन गया तो क्या होगा!!

रब को तय करने दे क्या सही है क्या गलत

अब तू भी भगवान बन गया तो क्या होगा!!

Ye chand lamho ki saadgi

ye chand lamho ki saadgi kahi umr bhar ka makaam ban
gaya to kya hoga teri yadon ko samete khwabo
ka ashiyan ban gaya to kya hoga
tere roothne pe bhi ishq ka sabab miltaa hai
tere muskurane se mera aasmaan ban gaya to
kya hoga!!

Mere janaze pe rehem na kar, ay mere dost tu
khud pe ye sitam na kar
Jaana to hai kaandhe pe mujhko bhi kabhi...ki
mera bhi saaman ban gaya to kya hoga
Tere sheher mein cheekh cheekh kar maine
apni kahani dohrai thi
teri narazgi hi meri maut ka farmaan ban gaya
to kya hoga....

Main zinda hoon apne khwabo ke aangan
mein

har roz chaand aur suraj se milkar aata hoon
kabhi fursat mein mujhse milne mere ghar to
ao..
tumhe bhi unse milwata hoon...
bharke char boond apne sapno ke tere pyale
mein
aa main teri dabi pyaas bhi bujhata hoon...
tu mujhe na samjhe to koi bair nahi
soch tu agar mera mehmaan ban gaya to kya
hoga!!
us rab ko tay karne de kya sahi hai kya galat
ab tu bhi bhagwan ban gaya to kya hoga!!

मेरे दिल मुझे यूं गुमराह ना कर

मेरे दिल मुझे यूं गुमराह ना कर

तेरे कहने से ही मैंने ये रास्ते चुने

तेरे लिए ही मैंने ये सपने देखे

पर मेरे इस बेख़ौफ़ कारवां में न जाने तू है किधर

ऐ मेरे दिल मुझे यू गुमराह ना कर...

बदले जो तूने अपने इरादे

कहीं ना कहीं हम भी बदल गए...

बीते लम्हों के दिए कुछ बिन कहे ही पिघल गए...

तेरा साथ ही मेरे हौसलों की नींव है

अब मत रुक... मत ठहर... संग ले चल तुझे जाना हो जिधर

पर ऐ मेरे दिल मुझे यू गुमराह ना कर...

घुल न सका इस ज़माने में

तेरे जसबातो की स्याही कुछ ऐसी थी

मेरा बचपन मेरा योवन तूने लिखी

अच्छी थी... जैसी थी...

आज भी तेरे साथ की जरुरत है...

हर लम्हा हर पहर...

ऐ मेरे दिल साथ चल... मुझे यू गुमराह ना कर...

Mere Dil Mujhe Gumrah na kar

Mere dil mujhe yuh gumrah na kar
tere kehne se hi maine ye raaste chune
tere liye hi maine ye sapne bune
par mere is bekhauf karwan mein na jaane tu
hai kidhar
ay mere dil mujhe yu gumrah na kar...

badle jo tune apne irade
kahi na kahi hum bhi badal gaye..
beete lamho ki diye kuch bin kahe hi pighal
gaye...
tera sath hi mere hauslo ki neev hai
ab mat rukh...mat theher...sang le chal tujhe
jana ho jidhar
par ay mere dil mujhe yu gumrah na kar...

main ghul na saka is zamane mein
ke tere jasbato ki syahi kuch aisi thi
mera bachpan mera yovan tune likhi

achi thi...jaise thi...

aaj bhi tere sath ki zarurat hai...

har lamha har peher..

ay mere dil sath chal..mujhe yu gumrah na kar...

मेरे फ़रिश्तो! मुझे इंसान ही रहने दो...

मेरे फ़रिश्तो! मुझे इंसान ही रहने दो...

मैं ख़ुश हूँ इस वीराने में... मुझे बेईमान ही रहने दो...

हमें खुदा ने बुलाया है यहां... यहां उम्र भर रह लेंगे...

मेरा नाम मिट जाने दो मेरे साथ ही... मुझे यहां बस मेहमान ही रहने दो...

मेरी पहचान ही आखिरी मंज़र है मेरी इस दौड़ में...

इसे समय के साथ धुन्धला कर दो...

मेरे चाहने वालो को आज़ाद कर दो...

यादों का खंजर भी कोई तोहफा है क्या...

मेरे अस्तित्व को भी इस गीली मिट्टी में शामिल कर दो...

मेरी बातों को दिल में मत रखना ऐ दोस्तो...

छोटी सी है ज़िंदगी... इसे आसान ही रहने दो...

मेरे फ़रिश्तो!! मुझे फ़िलहाल इंसान ही रहने दो!!

Mere Farishto mujhe Insaan hi rehne do

Mere farishto! mujhe insaan hi rehne do...
Main khush hoon is bheed mein...mujhe beimaan hi rehne do...
Humein khuda ne bulaya hai yaha...yaha umr bhar reh lenge..
Mera naam mit jaane do mere sath hi... mujhe yaha bas mehmaan hi rehne do...
Meri pehchaan hi aakhri manzar hai meri is daud mein...
Ise samay ke sath dhundhla kar do...
Mere chahne waalo ko azaad kar do...
Yadon ka khanjar bhi koi tohfa hai kya...
Mere astitva ko bhi is gili mitti mein shamil kar do...
Meri baton ko dil mein mat rakhna ay dosto...
Choti si hai zindagi...ise aasaan hi rehne do...
Mere farishto!! Mujhe filhaal insaan hi rehne do!!

ज़िंदगी और मैं

किस्से हार मानु

ज़िंदगी से या खुद से...

किस्से जीतना था

ज़िंदगी से या खुद से...

क्यों भाग रहा था मैं

क्यों जाग रहा था मैं

किस्से थक गया हूँ...

ज़िंदगी से या खुद से...

कौन जकड़े हुए हैं

कौन आज़ाद करेगा मुझको

ये कौन सी ज़ंजीर है जो दिखती नहीं

कौन करेगा रहम मुझपे...

ज़िंदगी का मकसद क्या है...

क्या चाहिए इस ज़िंदगी को मुझसे

मैं क्या करूं कुछ इल्म नहीं मुझको

किस्से हार मानु

ज़िंदगी से या खुद से...

Zindagi aur Main

Kisse haar maanu

Zindagi se ya khud se...

Kisse jeetna tha

Zindagi se ya khud se...

Kyo bhaag raha tha main

Kyo jaag raha tha main

Kisse thak gaya hoon...

Zindagi se ya khud se...

Kaun jakde hue hai

Kaun azaad karega mujhko

Ye kaunsi zanzeer hai jo dikhti nahi

Kaun karega rehem mujhpe...

Zindagi ka maksad kya hai...

Kya chahiye is zindagi ko mujhse

Main kya karu kuch ilm nahi mujhko

Kisse haar maanu

Zindagi se ya khud se...

बहुत दूर जाना है

ऐ तकदीर तू रुक मत जा

मुझे अब भी बहुत दूर जाना है

तुझे मंज़ूर हो ना हो

मेरा साथ तो निभाना है

के उमर भर मुझे कहता रहा तू

की मैं ही तो हूं

अब मेरा, मैं बनना ही मकसद है

यही तो तुझे समझना है

ऐ तकदीर तू रुक मत जा

मुझे अब भी बहुत दूर जाना है!!

तेरी उम्र क्या थी ज़िंदगी जब तूने चलना सीखा होगा

मैं आज भी कदमों के सहारे लड़खड़ाता हूं

तेरा ताजुरबा तुझे बेशक़ मुस्कुराना सिखाता होगा

मैं आज भी अपने जख्मों पर

मरहम लगता हूं

तूने पालने में ही फ़िक्र को शिकस्त दी होगी

मैं आज भी उसी फिक्र के सहारे अपना प्यार जताता हूं

तुझे तेरी बात कहने से रोक नहीं सकता

पर तुझसे हर बार अपनी बात मनवाता हूं...

तूने अपनी कहानी कह ली बरसो तक

कुछ पल मेरा भी तो सुनाना है

अब मेरा, मैं बनना ही मकसद है

यही तो तुझे समझना है

ऐ तकदीर तू रुक मत जा

मुझे अब भी बहुत दूर जाना है!!

Bahut Door Jaana Hai

Ay takdeer tu ruk mat ja

Mujhe ab bhi bahut door jaana hai

Tujhe manzoor ho na ho

Mera saath to nibhana hai

Ke umr bhar mujhe kehta raha tu

Ki main hi to hoon

Ab mera, main banna hi maksad hai

Yehi to tujhe samjhana hai

Ay takdeer tu ruk mat ja

Mujhe ab bhi bahut door jaana hai!!

Teri umr kya thi zindagi jab tune chalna seekha hoga

Main aaj bhi in kadmo ke sahare ladkhadata hoon

Tera tajurba tujhe beshak muskurana sikhata hoga

Main aaj bhi apne zakhmo par

Marham lagata hoon

Tune fikr ka shikast paalne mein kiya hoga
Main aaj bhi usi fikr ke sahare apna pyaar
jatata hoon
Tujhe teri baat kehne se rok nahi sakta tujhko
Par tujhse har baar apni baat manwata hoon...
Tune apni kahani keh li barso tak
Kuch pal mera bhi to sunana hai
Ab mera, main banna hi maksad hai
Yehi to tujhe samjhana hai
Ay takdeer tu ruk mat ja
Mujhe ab bhi bahut door jaana hai!!

ज़िंदगी के वो पन्ने

ज़िंदगी के उन पन्नों से खुद को आज मिलवाने जा रहा हूं...

जो वक़्त के झरोखों में छुप गए थे कहीं...

मोहलत लेके आज खुशियों से

थोड़ी शरारत लेके मुस्कुराहट से

कुछ एहसास लेके यादों से

और कुछ उम्मीद आने वाले पालो से लेकर

ज़िंदगी के उन पन्नों से खुद को आज मिलवाने जा रहा हूं...

देखा तो कुछ कर गुज़रने की चाह

पहले कुछ पंक्तियाँ से धुँधली हो चुकी थी...

खुशियों की फरमाइश आखिरी पंक्ति में खुद को आज भी ढूंढ रही है...

बेपरवाह हंसी फिक्र में डूबे अपने पलो से इस कदर सिमटी थी के तन्हाइयों की स्याही से मिट ती जा रही थी...

आज ज़िंदगी के उन्हीं पन्नो को खुद फिर से सजाया हमने

वक़्त को बदलके खुद को बदलते देख मुस्कुराया हमने...

ज़िंदगी के उन पन्नो को फिर से आजमाया हमने...

हां ज़िंदगी के उन्हीं पन्नो को फिर से अपने साथ लाया हमने!!!

Zindagi ke woh panne

Zindagi ke un panno se khud ko aaj milwane ja raha hoon...

Jo wakt ke jharokho mein chup se gaye the kahi...

Mohalat leke aaj khushiyo se

Thodi shararat leke muskurahat se

Kuch ehsaas leke yaadon se

Aur kuch ummeed aane waale palo se lekar

Zindagi ke un panno se khud ko aaj milwane ja raha hoon...

Dekha to kuch kar guzarne ki chah

Pehle panktiyo se dhundli ho chuki thi..

Khushiyo ki farmaish akhri chand panktiyo mein khud ko aaj bhi dhoond rahi thi...

Beparwah hasi fikr mein doobe apne palo se is kadar simti thi ke tanhaiyo ki syahi se mitti ja rahi thi...

Aaj zindagi ke unhi panno ko khud phir se sajaya humne

Wakt ko badalke khud ko badalte dekh
muskuraya humne...
zindagi ke un panno ko phir se azmaya
humne...
Haan zindagi ke unhi panno ko fir se apne sath
laya humne!!!

मुझे मंज़िलों की फ़िक्र नहीं

मुझे मंज़िलों की फ़िक्र नहीं

ये सफर ही मेरी मंज़िल है...

किसने देखा है मंज़िल क्या है

ये सफर ही है जो हासिल है...

उस तरफ जो बुलाता है तुझको

वो किनारा तेरा नहीं

ये लहर ही हमसफ़र है तेरे

किनारे तो बस उम्मीदों में शामिल है

मुझे मंज़िलों की फ़िक्र नहीं

ये सफर ही मेरी मंज़िल है...

बिखरे हुए पत्ते, कभी कांटे कभी फूल

कभी नंगे पांव अपने, कभी बारिश कभी धूल

कभी अनोखे नज़ारे, कभी कड़कती धूप

कभी शीतल चांदनी मिलती है खुशियों के रूप...

वो आखिरी पड़ाव तो बस तेरा है...तू वहां अकेला होगा

के सबकी मंज़िल जुदा है...

तू जिसे वहां ढूंढता... शायद तेरा हमसफर ही तेरा खुदा है...

जो सोचो तो इस 'सफ़र' में ही सारी महफ़िल है...

जो सोचो तो पाकर भी जरा सी तन्हा ये मंज़िल है...

किसने देखा है मंज़िल क्या है

ये सफर ही है जो हासिल है...

मुझे मंज़िलों की फ़िक्र नहीं

ये सफर ही मेरी मंज़िल है...!!

Mujhe Manzilo ki fikr nahi

Mujhe manzilo ki fikr nahi
ye safar hi meri manzil hai..
kisne dekha hai manzil kya hai
ye safar hi hai jo haasil hai...

us chchor jo bulata hai tujhko
woh kinara tera nahi
ye lehre hi hamsafar hai tere
kinare to bas ummeedo mein shamil hai
mujhe manzilo ki fikr nahi
ye safar hi meri manzil hai...

Bikhre hue patte, kabhi kaante kabhi phool
kabhi nange paanv apne, kabhi baarish kabhi
dhool
kabhi anokhe nazare, kabhi kadakti dhoop
kabhi sheetal chandni milti hai khushiyo ke
roop...

woh akhri padav to bas tera hai..tu waha akela
hoga ke sabki manzil judaa hai...

tu jise waha dhoondta..shayad tera hamsafar
hi tera khuda hai...
jo socho to is 'safar' mein hi saari mehfil hai..
jo socho to paakar bhi zara si tanha ye manzil
hai...
kisne dekha hai manzil kya hai
ye safar hi hai jo haasil hai..
mujhe manzilo ki fikr nahi
ye safar hi meri manzil hai...!!

बचपन

बचपन के जोश में ज़िंदगी की कदर ना की...

ज़िंदगी की कदर हुई तो ख्वाहिशों और आकांक्षाओं ने घर बना लिया...

जब सपनों की और कदम बढ़ाया तो रिश्तों की कदर ना की...

जब रिश्ते की कदर की तो सपने बेबुनियाद लगे...

जब सपने बेबुनियाद लगे तो ज़िंदगी से प्यार हुआ...

ज़िंदगी से प्यार हुआ तो बचपन याद आया...

आज बचपन को हमारी कदर नहीं!!

Bachpan

Bachpan ke josh mein zindagi ki kadar na ki....

Zindagi ki kadar ki jo khwaisho aur akankshao ne ghar bana liya....

Jab sapno ki aur kadam badhaya to rishto ki kadar na ki....

Jab rishto ki kadar ki to sapne babuniyaad lage...

Jab sapne bebuniyaad lage to zindagi se pyaar hua......

Zindagi se pyaar hua to bachpan yaad aaya...

Aaj bachpan ko hamari kadar nahi!!

ख्वाहिशें

है ख्वाहिशों के पुल बांधे

बादलों के ऊपर...

डर मौत का अब नहीं है...

हौसला है पंख मेरे...

ना गिरूंगा... ना झुकूंगा...

लड़खड़ाया तो और उड़ूंगा...

हवा के रुख को साथी बनाकर...

अपनी मंज़िल मैं खुद चुनूंगा...

थक गया तो गम नहीं

मंजिले है अब भी वही पर...

जहां ख्वाइशो के पुल बांधे

उन ही बादलों के ऊपर!!!

Khwaishein

Hai khwaisho ke pull bandhe
Badalo ke upar...
Darr maut ka ab nahi hai...
hausle hai pankh mere....
Na girunga...na jhukunga......
Ladkhaya to aur udunga...
Hawa ke rukh ko sathi banakar...
Apni manzil main khud chununga...
Thak gaya to gum nahi
Manzile hai usi jagah par...
Jaha khwaisho ke pull bandhe
Unhi badalo ke upar!!!

मीठे बोल

अपनी जुबान के कांटो को हटा कर देखो...

फ़िर जितनी भी चाहे रात दिन ख़ता कर देखो...

अपने से कम को कभी कम ना समझो...

फिर जितना चाहे उन्हें सता कर देखो...

प्यार में ताकत है इतने, सारे दर्द की दवा बन जाता है...

फिर चाहे उसे बेवजा ही कर देखो...

मुस्कुराहट की कीमत कुछ भी नहीं

किसी के चेहरे पर लाकर देखो...

आज शिखर नहीं मुश्किल दो पल का आराम मुनासिब नहीं

किसी थके हुए को पल भर सुलाकर देखो...

सब अपने लिए सोच रहे हैं इस दुनिया में

पल भर औरो की सोच कर देखो...

अपनी ही तकलीफो से जूझ रही है दुनिया...

किसी के जरा आंसू पोंछकर देखो...

तुम्हें मनाने आएंगे फिर चाहने वाले तुम्हारे...

यकीन नहीं तो एक बार रूठकर देखो...

बस दो पल किसी को मुस्कुराना सिखाके आओ...

फिर चाहे ज़िंदगी भर सता कर देखो!!

Meethe bol

apni zuban ke kanto ko hata kar dekho...
fir jitni bhi chahe raat din khata kar dekho...
apne se kam ko kabhi kam na samjho...
fir jitna chahe unhe sata kar dekho.....
pyar mein takat hai itni ki dard ki dawa ban
jata hai...
fir chahe use bewaja hi kar dekho....
muskurahat se keemti kuch bhi nahi
use kisi ke chehre pe laakar dekho...
aaj shikhar nahi mushkil do pal ka araam
munasib nahi
kisi thake hue ko pal bhar sulakar dekho...
fir chahe raat din khata kar dekho....
sab apne liye soch rahe is duniya mein
pal bhar auro ki sochkar dekho...
aaj pani bachane ki firak mein hai duniyawale..
kisi ke zara aansu pochkar dekho...
tumhe manane ayenge fir chahne wale
tumhare..

yakeen nahi to ek baar ruthkar dekho..
bas do pal kisi ko muskurana sikhake ao...
fir chahe zindagi bhar sata kar dekho!!

मां

ज़िंदगी माचिस की तरह चिरागे मंज़िल ढूंढा मैंने

कि जलने को बनाया था मुझे जो मुझे मंजूर था

पर मुझे जला कर भी जल गया वो दिल, इसमें उसका क्या कसूर है...

मेरी मंज़िल उसकी मेहरबानी है

मेरी हर रोशनी में उसकी कहानी है

मुझे आज भी अपनी हथेली से संभाले रखा है

कहीं तूफ़ान के डर से बुझ न जाए हौस्ले मेरे

इसी के लिए तो मेरे चिरागो की किस्से मीलो तक मशहूर है

पर मुझे जला कर जो जल गया वो दिल इसमे उसका क्या कसूर है...

Maa

zindagee maachis kee tarah chiraage manzil
dhoondha mainne

ki jalane ko banaaya tha mujhe jo mujhe
manjoor tha

par mujhe jala kar bhee jal gaya vo dil, isamen
usaka kya kasoor hai...

meree manzil usakee meharabaanee hai

meree har roshanee mein usakee kahaanee
hai

mujhe aaj bhee apanee hathelee se
sambhaale rakha hai

kaheen toofaan ke dar se bujh na jae hausle
mere

isee ke lie to mere chiraago kee kisse meelo
tak mashahoor hai

par mujhe jala kar jo jal gaya vo dil isame
usaka kya kasoor hai...

मेरी ज़िंदगी कागज पर लिखी किस्मत नहीं

ये कारवां मेरा है, ये ज़िंदगी मेरी

चंद कागजों पर लिखी हुई ज़ंजीर सी किस्मत नहीं

कल की सोच में आज को खोना है क्यो

जिसको देखा ही नहीं उसे सोच रोना है क्यों...

जो बीत गया उससे क्या डर है

जो आया ही नहीं उसकी क्या फ़िकर है

आज ये मेरा है... आज की हर सादगी मेरी

चंद कागजों पर लिखी हुई ज़ंजीर सी किस्मत नहीं!

Meri zindagi kagaz par likhi kismat nahi

Ye karwan mera hai , ye zindagi meri

chand kagazo pe likhi hui zanzeer si kismet
nahi

kal ki soch mein aaj ko khona hai kyo

jisko dekha hi nahi use soch rona hai kyo..

jo beet gaya usse kya dar hai

jo aya hi nahi uski kya fikar hai

aaj ye mera hai..is aaj ki har saadgi meri

chand kagazo pe likhi hui zanzeer si kismet
nahi!

क्या सोचे

सोचो के क्या होगा गर हम चलते-चलते रुक जायें...

नंगे पैर किनारों पर हम लहरों से भी डर जाएं...

क्या होगा जब कांटो के डर से पुष्प कमल मुरझा जाए...

क्या होगा गर सांझ की बेला अंधेरो से घबरा जाए

क्या होगा गर चाँद भी अपने दाग से शर्मिंदा हो

क्यों सोचे मरने की भैया... आज अगर तुम ज़िंदा हो!!

दो कदम चल लो कोई बात नहीं होगी...

चार कदम हो जायेंगे फिर भी रात नहीं होगी...

तेरा ख्वाब तुझे मुबारक... मेरे समझ की बात नहीं

मेरा ख्वाब भी मेरा है... तेरी वो बारात नहीं

हम पाने को अपनी मंज़िल क्यों तेरे आगे झुक जायें...

क्यों सोचे के क्या होगा गर हम चलते चलते रुक जायें...!!

Kya Soche

Socho ke kya hoga gar hum chalte chalte ruk jaye..

Nange pair kinaro par hum lehro se bhi dar jaye..

Kya hoga jab kaanto ke dar se pushp kamal murjha jaye...

Kya hoga gar saanjh ki bela andhero se ghabra jaye

Kya hoga gar chand bhi apne daag se sharminda ho

Kyo soche marne ki bhaiya...aaj agar tum zinda ho!!

Do kadam chal lo koi baat nahi hogi...

char kadam ho jayenge fir bhi raat nahi hogi..

Tera khwab tujhe mubararak...mere samaj ki baat nahi

Mera khwab bhi mera hai...use samajne ki teri aukaat nahi

Hum paane ko apni manzil kyo tere aage jhuk jaye..

Kyo soche ke kya hoga gar hum chalte chalte ruk jaye...!!

मत पूछो मेरा हाल ऐ दिल

मत पूछ मेरा हाल, ऐ दिल

ना-इंसाफी होगी!

सपनों की इमारत को पाने में ज़िंदगी खर्च कर रहा हूं...

जीने की ख्वाहिश किये हर मौसम से लड़ रहा हूँ...

ये भी नहीं पता कि जेब में सांसें कितनी हैं लुटाने को...

शायद इसलिए थोड़ा संभल रहा हूं... थोड़ा ठहर रहा हूं...

पर आज की ख़ुशियों का ज़िक्र कहीं अगर ज़रा भी हो...

तो मत पूछो मेरा हाल, ऐ दिल

ना-इंसाफी होगी!!

Mat pooch mera haal ay dil

Mat pooch mera haal, ay dil
Nainsafi hogi!!
Mat pooch mera haal, ay dil
Nainsafi hogi!
Sapno ki imarat ko pane mein zindagi kharch
kar raha hoon..
Jeene ki khwaish kiye har mausam se lad raha
hoon...
Ye bhi nahi pata ki jeb mein saanse kitni hai
lutane ko...
Shayad isliye thoda sambhal raha hoon...thoda
theher raha hoon...
Par Aaj ki khushiyo ka zikr kahi agar zara bhi
hogi...
To mat pooch mera haal, ay dil
Nainsafi hogi!!

नुक्स ढूंढोगे तो हज़ार मिलेंगे

नुक्स ढूंढोगे...

तो हज़ार मिलेंगे...

दिल से अपनाओगे...

तो खूबियां अपार मिलेंगे...

छोड़ो गलतिया गिनाना औरो के...

वक्त बहुत है क्या??

ऐसे ज़माने में बहुत

इमानदारी के साहूकार मिलेंगे...

चलना सीखोगे तो लड़खड़ाना जायज है...

थोड़ा गिरना थोड़ा डगमगाना जायज़ है...

तू वहा उस लंगड़े के चाल पे हस मत...

के गौर से देखो... वो आगे बढ़ रहा है...

तेरे लिए तो बस ये सीढ़िया है

उसके लिए... वो हिमालय चढ़ रहा है...

थोड़ा रुक... उसकी सराहना कर

तुझमें भी इंसान बनने के आसार मिलेंगे...

खुद को जगा, खुद को जान

ख़ुद को ढूँढ़ ख़ुद को पहचान

तुझमें भी ईश्वर के सार मिलेंगे

के जब तक तू ख़ुद बीमार रहेगा

तुझे पूरी दुनिया में बीमार मिलेंगे...

नुक्स ढूंढोगे...

तो हज़ार मिलेंगे...

दिल से अपनाओगे...

तो ख़ूबियां अपार मिलेंगे...

Nuks Dhoondoge hazar milenge

Nuks dhoondoge...

To beshak hazaar milenge...

Dil se apnaoge...

To khubiyaan apar milenge...

Chodo galtiya ginana auro ke..

Wakt bahut kya??

Aise zamane mein bahut

imandari ke Sahukaar milenge..

Chalna seekhoge to ladhkadana jayaz hai...

Thoda girna thoda dagmagana jayaz hai...

Tu us langde ke chaal pe hass mat..

Ke gaur se dekho... woh aage badh raha hai...

Tere liye to bas ye seedhiya hai

uske liye .... Woh himalay chadh raha hai..

Thoda ruk..uski sarahna kar

Tujhme bhi insaan banne ke asaar milenge...

Khud ko jaga khud ko jaan

Khud ko dhoond khud ko pehchaan

Tujhme bhi ishwar ke saar milenge

Ke jab tak tu khud beemar rahega

Tujhe poori duniya mein beemar milenge...

Nuks dhoondoge...

To beshak hazaar milenge...

Dil se apnaoge...

To khubiyaan apar milenge...

सब्र करो

ये ठहराव है ज़िंदगी का

सब्र करो

जो ख्वाहिश थी वो सब कुछ है हासिल

कद्र करो

तड़प रहे हो क्यों फिरसे बंधी बनने के लिए

खुद को युही ना बेसब्र करो

के मौजुद थे तुम जब ज़िंदगी एक जंग थी...

के मौजुद थे तुम जब ज़िंदगी बेरंग थी...

आज इस धूप ने तुमको फिर ज़िंदा किया है...

इस धूप में फिरसे खुद को एक अब्र करो

ये एक नई शुरुआत है...

एक त्यौहार है ज़िंदगी का

सब्र करो!!

Sabr Karo

Ye thehraav hai zindagi ka

Sabr karo

Jo khwaish thi Woh sab kuch hai hasil

Kadr karo

Tadap rahe ho kyo firse bandhi banne

Khud ko yuhi na besabr karo

Ke maujud the tum jab zindagi ek jung thi...

Ke maujud the tum jab zindagi berang thi...

Aaj is dhoop ne tumko fir zinda kiya hai...

Is dhoop mein firse khud ko ek abr karo

ye ek nayi shuruat hai.....

ek thehraav hai zindagi ka

Sabr karo!!

ये ज़िंदगी क्या है

मैंने बस चलना सीखा है अभी

शायद कुछ दिन ही होंगे

गिरना भी लाज़मी था... डरना भी लाज़मी था...

पर अगर दो कदम और ना चालू तो ज़िंदगी क्या है

खुशनसीब हूं मैं कि किसी ने मुझे रास्ता दिखाया

और जब गिरा तो मेरा साथ भी दिया...

अब हौसलों पर भरोसा रखना मेरी जिम्मेदारी है...

क्योंकि अपने कांधे अपने ही सोच से भरी है...

पर यही तो सार है इस बात की... नहीं तो कोशिश-ए-सादगी क्या है

अगर दो कदम और ना चालू तो ज़िंदगी क्या है

जिसे देख मैंने चलना सीखा... वैसे ही शायद किसी को मेरे उठने
का इंतज़ार हो...

दो कदम चले मेरी राह में कोई... इसकी भी आसर हो...

मैं ये नहीं कहता कि औरो की सोच कर उठ गया हूँ मैं...

सच तो ये है चलने से ज्यादा रुकने से डर गया हूं मैं...

अगर आगे बढ़ने का जुनून ज़िंदा ना रहा बाकी तो फिर ये दिल्लगी क्या है...

अगर दो कदम और ना चालू तो ये ज़िंदगी क्या है!!

Ye zindagi kya hai

Maine bas chalna seekha hai abhi

Shayad kuch din hue honge

Girna bhi lazmi tha..darna bhi lazmi tha..

Par agar do kadam aur na chalu to zindagi kya hai

Khushnaseeb hoon main ki kisi ne meri ungli bhi thami aur jab gira to mera hath bhi thama...

Ab hausle ko thamna meri zimmedari hai..

Kyoki apne kandhe apne hi soch se bhari hai...

Par yehi to saar hai is baat ki...nahi to koshishe saadgi kya hai

Agar do kadam aur na chalu to zindagi kya hai

Jise dekh maine chalna seekha...waise hi shayad kisi ko mere uthne ka intezaar ho..

Do kadam woh bhi chale meri raah mein koi... iske bhi asaar ho..

Main ye nahi kehta ki auro ki sochkar uth gaya hun main...

Sach to ye hai chalne se zyada rukne se darr hun gaya main...

Agar aage badhne ka junoon na raha baaki to fir ye dillagi kya hai...

Agar do kadam aur na chalu to ye zindagi kya hai!!

तूने ज़िंदगी जी है

अगर बचपन की शरारत याद है

तो तूने ज़िंदगी जी है

अगर दोस्तों की बातें याद हैं

तो तूने ज़िंदगी जी है

अगर मां से गले लग के रोया है

तो तूने ज़िंदगी जी है

अगर बाप के सीने में सोया है

तो तूने ज़िंदगी जी है

अगर दिल टूटा है तेरा

तो तूने ज़िंदगी जी है

यार रूठा है तेरा

तो तूने ज़िंदगी जी है

अगर रुलाया हो कभी किसी को

तो तूने ज़िंदगी जी है

अगर मनाया हो कभी किसी को

तो तूने ज़िंदगी जी है

अगर कंधे पे हो ज़िम्मेदारी

तो तूने ज़िंदगी जी है

कभी ख़रीदी हो माँ की सारी

तो तूने ज़िंदगी जी है

किसी के लिए दिल धड़के

तो तूने ज़िंदगी जी है

प्यार अगर बोले सर चढ़के

तो तूने ज़िंदगी जी है

मन किसी को बहुत माने

तो तूने ज़िंदगी जी है

कोई तुझे तुझ से ज्यादा जाने

तो तूने ज़िंदगी जी है

कभी गोद में ली हो वो छोटी सी मुस्कुराहट

तो तूने ज़िंदगी जी है

सुनी हो उसके पहले कदम की वो आहट

तो तूने ज़िंदगी जी है

कभी थामी हो उंगली चलते हुए

तो तूने ज़िंदगी जी है

कभी संग देखा हो सूरज ढलते हुए

तो तूने ज़िंदगी जी है

कभी बच्चों को दोस्त बनते देखा हो

तो तूने ज़िंदगी जी है

कभी दोस्त को बच्चा बनते देखा हो

तो तूने ज़िंदगी जी है

कभी अपनों के जाने का गम हुआ हो

तो तूने ज़िंदगी जी है

कभी सपनों के जाने का गम हुआ हो

तो तूने ज़िंदगी जी है

कभी ढलते शाम को देख ज़िंदगी को याद किया हो

तो तूने ज़िंदगी जी है

कभी एक नाम को देख ज़िंदगी को याद किया हो

तो तूने ज़िंदगी जी है

अगर सारे शिक्के याद ना रहे

तो तूने ज़िंदगी जी है

और आख़िर में ख़ुदा से तू मुस्कुराके मिले

तो सच में... तूने ज़िंदगी जी है!!

Tune Zindagi Ji hai

बाला • 89

Agar bachpan ki shararate yaad hai

To tune zindagi ji hai

Agar dosto ki baate yaad hai

To tune zindagi ji hai

Agar ma se gale lag ke roya hai

To tune zindagi ji hai

Agar baap ke seene mein soya hai

To tune zindagi ji hai

Agar dil toota hai tera

To tune zindagi ji hai

Yaar rootha hai tera

To tune zindagi ji hai

Agar rulaya ho kabhi kisi ko

To tune zindagi ji hai

Agar manaya ho kabhi kisi ko

To tune zindagi ji hai

Agar kandhe pe ho zimmedari

To tune zindagi ji hai

Kabhi khareedi ho maa ki saari

To tune zindagi ji hai

Kisi ke liye dil dhadke

To tune zindagi ji hai

Pyaar agar bole sar chadke

To tune zindagi ji hai

Mann kisi ko bahut mane

To tune zindagi ji hai

Koi tujhe tujh se zyada jaane

To tune zindagi ji hai

Kabhi god mein li ho woh choti si muskurahat

To tune zindagi ji hai

Suni ho Uske pehle kadam ki woh ahat

To tune zindagi ji hai

Kabhi thami ho ungli chalte hue

To tune zindagi ji hai

Kabhi sang dekha ho suraj dhalte hue

To tune zindagi ji hai

Kabhi bacho ko dost bante dekha ho

To tune zindagi ji hai

Kabhi dost ko bachcha bante dekha ho

To tune zindagi ji hai

Kabhi apno ke jaane ka gam hua ho

To tune zindagi ji hai

Kabhi sapno ke jaane ka gam hua ho

To tune zindagi ji hai

Kabhi dhalte shaam ko dekh zindagi ko yaad
kiya ho

To tune zindagi ji hai

Kabhi ek naam ko dekh zindagi ko yaad kiya
ho

To tune zindagi ji hai

Agar sare shikwe gile yaad na rahe

To tune zindagi ji hai

Aur aakhir mein khuda se tu muskurake mile

To sach mein....tune zindagi ji hai!!

मंज़िल क्या है

मंज़िल क्या है

मंज़िल वो नहीं जिसे सब मंज़िल कहते हैं

मंज़िल वो नहीं जिसकी आस में सब बेहते हैं

मंज़िल वो नहीं जो तू समझता है

मंज़िल वो नहीं जिसे पाने को तड़पता है

तो फिर मंज़िल क्या है!!

तेरी ज़िंदगी की हर वो राह मंज़िल है

तेरी ज़िंदगी की हर वो चाह मंज़िल है

तेरा हर कदम मंज़िल है

तेरी हर खुशी हर गम मंज़िल है...

तेरी ज़िंदगी का हर मोड़ मंज़िल है

तू आया था जिसे छोड़ वो मंज़िल है

किसी से मिलना मंज़िल है

किसी से बिछड़ना मंज़िल है...

हर धूप मंज़िल है

हर छांव मंज़िल है

तेरा हर ख्वाब मंज़िल है

हर वो तनाव मंज़िल है...

किसी की दुआ में शामिल मंज़िल है

किसी की अदाओं में मुकम्मल मंज़िल है

तेरा बीता हुआ कल मंज़िल था

जो तेरा आज है वो मंज़िल है

आने वाला कल तो एक सपना है

तेरे मुस्कुराहट का हर वो राज मंज़िल है

अंत तेरा होगा पर मंज़िल यूं ही चलती रहेगी

के अंत को भी अंत कहना मुश्किल है

तेरी बात किसी की यादें बन जायेगी

के तू... तू भी तो किसी और की मंज़िल है!!

Manzil kya hai

Manzil Kya hai

Manzil woh nahi jise sab manzil kehte hai

Manzil woh nahi jiski aas mein sab behte hai

Manzil woh nahi jo tu samajta hai

Manzil woh nahi jise pane ko tadapta hai

to fir Manzil kya hai!!

Teri zindagi ki har woh rah manzil hai

Teri zindagi ki har woh chah manzil hai

Tera har kadam manzil hai

Teri har khushi har gam manzil hai...

Teri zindagi ka har mod manzil hai

tu aya tha jise chod woh manzil hai

Kisi se milna manzil hai

kisi se bichadna manzil hai...

har dhoop manzil hai

har chaanv manzil hai

tera har khwab manzil hai

har woh tanaav manzil hai...

kisi ki duao mein shamil manzil hai

kisi ki adao mein mukammil manzil hai

Tera beeta hua kal manzil hai

Jo tera AAJ hai woh manzil hai

Aane wala kal to ek sapna hai

tere muskurahat ka har woh raaj manzil hai

ant tera hoga par manzil yuhi chalti rahegi

ke ant ko bhi ant kehna mushkil hai

teri bat kisi ki yadein ban yuhi sajti rahegi

ke tu....tu bhi to kisi aur ki manzil hai!!

एक अजीब सी थकावट है

एक अजीब सी थकावट है

चेहरे पर खामोशी और दिल में हलचल

ये कैसी मिलावट है

एक अजीब सी थकावट है!

मेरी दौड़ मेरी रफ़्तार मेरे ठहराव पर भारी है

मंज़िल की कोशिश आज भी जारी है

हर जीत को पाना तकदीर में लिखा है शायद

हर जीत को जीना नदारद है

कि मेरी हर जीत आज भी कुंवारी है

एक मकाम से दूसरे की चाहत बढ़ रही है

ज़मीन से आसमान तक की ख्वाहिश चढ़ रही है

एक आवाज़ आती है, रुक, थोड़ा ठहर, मेरे संग दो पल बैठ

ना जाने ये किसकी आहट है

ये हलचल रुकने नहीं देती

ये खामोशी चलने नहीं देती

ये कैसी मिलावट है

समझ ही नहीं आता

एक अजीब सी थकावट है!

वक़्त जो गुज़रता है वो मुड़ने नहीं देता

अपने कल से फ़िर उसी तरह जुड़ने नहीं देता

हर लम्हा हम फिर से जन्म लेते हैं

उड़ने की ख्वाहिश लिए मगर कमबख्त ये

हमें उड़ने नहीं देता

फिर भी पंख फेलाते हुए ये हमारे हर दिन की बगावत है

ये असाहाय हलचल और ये अस्पाष्ट खामोशी

ये कैसी मिलावट है

समझ ही नहीं आता

एक अजीब सी थकावट

रोज़ चलता हूँ दो कदम

ये सोच कर कि ये सही है

एक और मंज़िल मेरी मुट्ठी में

फ़िर ख्याल आता है, ये भी तो वही है

देखा है हमने जहां से शुरू हुई थी कहानी

अंत भी वही है

शायद कुछ समझना अब भी बाकी है

शायद कोई राज़ जो अनकही है

उलझते, सुलझते, शुरू से अंत तक हमें फुसलाते हुए

बड़ी तिलस्मयी ये ज़िंदगी है

जब तक खामोशी जीत नहीं जाती

ये हलचल तेरा साथ देगी

तेरे एक और पन्ने पर लिखने को

एक और बात देगी

तराश रही है ये महफ़िल तुझे

क्या लगा कोई राह आसान देगी?

ये विचित्र मेला है ज़िंदगी

इसमें बस एहसासों की जमावट है

ये अस्थिर खामोशी ही तो

ज़िंदगी की मिलावट है!!

जो समझे वो सुकून में है

तब तक ये अजीब सी थकावट है

Ek ajeeb si thakawat hai

ek ajeeb see thakaavat hai

chehare par khaamoshee aur dil mein halachal

ye kaisee milaavat hai

ek ajeeb see thakaavat hai!

meri daud meri raftaar, mere thaharaav par
bhaari hai

manzil kee koshish aaj bhee jaaree hai

har jeet ko paana takadeer mein likha hai
shaayad

har jeet ko jeena nadaarad hai

ki meree har jeet aaj bhee kunvaaree hai

ek makaam se doosare kee chaahat badh
rahee hai

zameen se aasamaan tak kee khvaahish chadh
rahee hai

ek aavaaz aatee hai, ruk, thoda thahar, mere
sang do pal baith

na jaane ye kisakee aahat hai

ye halachal rukane nahin detee

ye khaamoshee chalane nahin detee

ye kaisee milaavat hai

samajh hee nahin aata

ek ajeeb see thakaavat hai!

vaqt jo guzarata hai vo mudane nahin deta

apane kal se fir usee tarah judane nahin deta

har lamha ham phir se janm lete hain

udane kee khvaahish lie magar kamabakht ye

hamen udane nahin deta

phir bhee pankh phelaate hue ye hamaare har

din kee bagaavat hai

ye asaahaay halachal aur ye aspaasht

khaamoshee

ye kaisee milaavat hai

samajh hee nahin aata

ek ajeeb see thakaavat

roz chalata hoon do kadam

ye soch kar ki ye sahee hai

ek aur manzil meree mutthee mein

fir khyaal aata hai, ye bhee to vahee hai

dekha hai hamane jahaan se shuroo huee
thee kahaanee

ant bhee vahee hai

shaayad kuchh samajhana ab bhee baakee hai

shaayad koee raaz jo anakahee hai

ulajhate, sulajhate, shuroo se ant tak hamen
phusalaate hue

badee tilasmayee ye zindagee hai

jab tak khaamoshee jeet nahin jaatee

ye halachal tera saath degee

tere ek aur panne par likhane ko

ek aur baat degee

taraash rahee hai ye mahafil tujhe

kya laga koee raah aasaan degee?

ye vichitr mela hai zindagee

isamen bas ehasaason kee jamaavat hai

ye asthir khaamoshee hee to

zindagee kee milaavat hai!!

jo samajhe vo sukoon mein hai

tab tak ye ajeeb see thakaavat hai!!

जीवन के मैख़ाने में

कुछ सोच रहे अंजाने में

इस जीवन के मैख़ाने में

दो बूँद मिले तो क्या बात होगी

हर ख़ुशी मेरे साथ होगी

बादल का पीछा कर कर के

हम दौड़ गये वीराने में

ना सोचा कुछ अंजाने में

इस जीवन के मैख़ाने में!

नदियां गुजरी गुजरी तालाबें

झरने गुजरे, गुजरे सैलाबें

नज़रे बादल पर अचल अडिग थी

कि राहों से मिलना भूल गए

मन में बूँदों की तलब लिए

नदियों से मिलना भूल गए

वही पुरानी सोच लिए हम दौड़ गए वीराने में

ना सोचा कुछ अंजाने में

इस जीवन के मैख़ाने में!

दो बूंद मिली तो छुपा लिया

कि नज़र किसी को ना आये

दो बूंद से फिर जेबे भरी

जो आगे की प्यास बुझाए

फिर बरसा बादल थोड़ा और

तो सुखे तन को भीगा लिया

भूल गया कि बादल ये अनंत नहीं

भूल गया कि इस प्यास का भी कोई अंत नहीं

तन भीगा हम भीगे

था भरा रंग पैमाने में

ना सोचा कुछ अंजाने में

इस जीवन के मैख़ाने में!

पर प्यास अभी भी बुझी नहीं

के बूँदों को तो हमने सजा लिया

कल की प्यास बुझाएँगे

कहकर दिल को मना लिया

अब इतना वक्त गुजर गया हर कोई अंजाना लगता है

पीछे मुड़के देखा तो ये डगर वीराना लगता है

दो बूँद जो छुपाई थी हाला

वो चुपके से पीली हमने

प्यास बुझी तो एहसास हुआ

दो बूंदो से ही जी ली हमने

अब क्या हो पैमाने का

ये काम मेरे अब क्या आये

ये ही सोच कर पीछे मुड़े

और कदम दर कदम लौट आये

अब वो नदिया याद आयी

अब वो झरने नज़र आये

तालाबों की छवि दिखी

आँखों में सैलाबे भर आये

सब कुछ खोकर हाथ में

अब बस ये पैमाना था

ज़िंदगी को हमसे उम्मीद बहुत थी

पर हमें तो बस यही पाना था

एहसास हुआ है कि एहसास हुआ है

ज़िंदगी कहती रही अंजाने में

मुझ जैसा और भी है

जो दौड़ रहे वीराने में

झरने नदियाँ सब हासिल हैं

पर शायद हर कोई लौट नहीं पाता

इस जीवन के मैख़ाने में।।।।

Jeevan ke Maikhane mein

kuchh soch rahe anjaane mein

is jeevan ke maikhaane mein

do boond mile to kya baat hogee

har khushee mere saath hogee

baadal ka peechha kar kar ke

ham daud gaye veeraane mein

na socha kuchh anjaane mein

is jeevan ke maikhaane mein!

nadiyaan gujaree gujaree taalaaben

jharane gujare, gujare sailaaben

nazare baadal par achal adig thee

ki raahon se milana bhool gae

man mein boondon kee talab lie

nadiyon se milana bhool gae

vahee puraanee soch lie ham daud gae

veeraane mein

na socha kuchh anjaane mein

is jeevan ke maikhaane mein!

do boond milee to chhupa liya

ki nazar kisee ko na aaye

do boond se phir jebe bharee

jo aage kee pyaas bujhae

phir barasa baadal thoda aur

to sukhe tan ko bheega liya

bhool gaya ki baadal ye anant nahin

bhool gaya ki is pyaas ka bhee koee ant nahin

tan bheega ham bheege

tha bhara rang paimaane mein

na socha kuchh anjaane mein

is jeevan ke maikhaane mein!

par pyaas abhee bhee bujhee nahin

ke boondon ko to hamane saja liya

kal kee pyaas bujhaenge

kahakar dil ko mana liya

ab itana vakt gujar gaya har koee anjaana
lagata hai

peechhe mudake dekha to ye dagar veeraana
lagata hai

do boond jo chhupaee thee haala

vo chupake se peelee hamane

pyaas bujhee to ehasaas hua

do boondo se hee jee lee hamane

ab kya ho paimaane ka

ye kaam mere ab kya aaye

ye hee soch kar peechhe mude

aur kadam dar kadam laut aaye

ab vo nadiya yaad aayee

ab vo jharane nazar aaye

taalaabon kee chhavi dikhee

aankhon mein sailaabe bhar aaye

sab kuchh khokar haath mein

ab bas ye paimaana tha

zindagee ko hamase ummeed bahut thee

par hamen to bas yahee paana tha

ehasaas hua hai ki ehasaas hua hai

zindagee kahatee rahee anjaane mein

mujh jaisa aur bhee hai

jo daud rahe veeraane mein

jharane nadiyaan sab haasil hain

par shaayad har koee laut nahin paata

is jeevan ke maikhaane mein।।।।

ए बटोही क्या हुआ

इस जहां का मेरुदंड तेरी ही लौ से है रचा

ये मृत्तिका भी चीखती है «ए बटोही क्या हुआ?"

अज्ञानता को चीरकर ज्ञान को तू बाँट ले

लेकर विधि को हस्त में तू कर्म ये विराट ले

के विपक्ष भी मिलेंगे राह को रोके तेरे

बन विशाल तू, आसमान से राह अपनी छांट ले

पुष्प की खुशबू है तू ओस बन धरती पे आ

कंटको को सींचकर मंज़िल-ए-रास्ता बना

आँधियों का रूप लेकर दूर करदे हर धुआ

ये मृत्तिका भी चीखती है «ए बटोही क्या हुआ?"

तू सूरज की आग है जो आँधियों को मात दे

तू बूटी संजीवनी जो जीने की सौगात दे

तू ऐसी तलवार है जो व्योम को भी काट दे

दूर कर हर क्लेश को बस प्यार को ही बांट दे

तुझसे ही रोशन है जमाना, तुझसे ही बनता कारवां

आज अपने आपको कुछ इस कदर तू आज़मा

कि ज़रा ज़र्रा पूछ उठे ये मुझे किसने छुआ

ये मृत्तिका भी चीखती है «ए बटोही क्या हुआ?"

तू जिसे कहता है खुदा बंदे तू उसका अक्स है

है नहीं दिखता कहीं वो तू ही जो प्रत्यक्ष है

तू बांट खुशिया हर दिशा ये ही तो उसका लक्ष्य है

गौर से तू देख खुद में वो तेरे समक्ष है

अंत तक चलता रहे तू जब तक रहेगा ये जहां

याद रखे हर कोई तेरे करमो की दास्ताँ

निर्झरिणी बन इस जहाँ में ज्योत को तू यू बहा

जब तक कहे न मृत्तिका «ए बटोही मुझमें समा!! आ बटोही मुझमें समा!!"

Ay Batohi Kya hua

is jahaan ka merudand teri hi lau se hai racha

ye mrttika bhi cheekhati hai "e batohi kya hua?"

agyaanata ko chirkar gyaan ko too baant le

lekar vidhi ko hast mein too karm ye viraat le

ke vipaksh bhi milenge raah ko roke tere

ban vishaal too, aasamaan se raah apni chhaant le

pushp ki khushaboo hai tu, os ban dharati pe aa

kantako ko seenchakar manzil-e-raasta bana

aandhiyon ka roop lekar door karade har dhua

ye mrttika bhi cheekhati hai "e batohi kya hua?"

tu sooraj ki aag hai jo aandhiyon ko maat de

tu booti sanjeevani jo jeene ki saugaat de

tu aisi talavaar hai jo vyom ko bhi kaat de

door kar har klesh ko bas pyaar ko hi baant de

tujhase hi roshan hai zamaana, tujhase hi banata kaaravaan

aaj apane aapako kuchh is kadar too aazama

ki zara zarra poochh uthe ye mujhe kisane chhua

ye mrttika bhi cheekhati hai "e batohi kya hua?"

tu jise kahata hai khuda bande tu uska aks hai

hai nahin dikhata kaheen vo tu hi jo pratyaksh hai

tu baant khushiya har disha ye hi to usaka lakshya hai

gaur se tu dekh khud mein vo tere samaksh hai

ant tak chalata rahe tu jab tak rahega ye jahaan

yaad rakhe har koi tere karamo ki daastaan

nirjharini ban is jahaan mein jyot ko tu yu baha

jab tak kahe na mrttika "ay batohi mujhamen sama!! ay batohi mujhamen sama!!"

चल रही है ज़िंदगी

चल रही है चल रही है चल रही है ज़िंदगी

शौक है मगर ना जाने शोक में है ज़िंदगी

रोकले तू टोक ले तू झोक धुल मिटिया

ट्वीट में बसी, ना खुद को लिख रही है चिट्टियां

जो शेर की दहाड़ सी शहर की ओर चल पड़े

वो मौन मूक बकरियों की होड़ सी है ज़िंदगी

दोस्तो से मिल रहे है फोन पे ना जाने क्यों

ऐप में ही ढूंढते हैं प्यार के बहाने क्यों

बचपनी को बचपना समझ के यू ही चल दिये

हाथो से ही अपने-अपने ख्वाहिशें मसल दिए

जो खुशी के पल मिले संजो के रख संभल जरा

ये बूंद गिन के एक दो ही दे रही है ज़िंदगी

चल रही है चल रही है चल रही है ज़िंदगी

शौक है मगर ना जाने शोक में है ज़िंदगी

Chal rahi hai Zindagi

chal rahi hai chal rahi hai chal rahi hai zindagi

shauk hai magar na jaane shok mein hai
zindagi

rokale too tok le too jhok dhul mitiya

tveet mein basi, na khud ko likh rahi hai
chittiyaan

jo sher ki dahaad si shahar ki or chal pade

vo maun mook bakariyon ki hod si hai zindagi

dosto se mil rahe hai phon pe na jaane kyon

aip mein hi dhoondhate hain pyaar ke
bahaane kyon

bachapaney ko bachapana samajh ke yoo hi
chal diye

haatho se hi apane-apane

khvaahishen masal die

jo khushi ke pal mile sanjo ke rakh sambhal
jara

ye boond gin ke ek do hi de rahi hai zindagi

chal rahi hai chal rahi hai chal rahi hai zindagi

shauk hai magar na jaane shok mein hai
zindagi

बेशक वोह रूठी है

बेशक वो रूठी है... तेरी हरकत ही ऐसी थी...

तू मशरूफ़ था दफ़्तर के किरदारों में... और उसे इंतज़ार की आदत थी...

बेशक वो रूठी है... हक़ है उसका...

ये वक्त भी यादगार होता... बस तेरे मनाने की जरुरत थी...

बेशक वो रूठी है... उसे लगता है तू ये फिर से दोहराएगा...

उसे ये भी है पता... तू बेशक उसे फिर से मनाएगा...

बेशक वो रूठी है... उसे तेरी फ़िक्र है...

उससे बेहतर तुझे कौन जान पाएगा...

बेशक वो रूठी है... के उसे पता है उसके रूठने से तू उससे प्यार जताता है...

ये भी है पता की उसके मुस्कुराहट के बिना तू जी नहीं पाता है...

ये रूठना मनाना ही तो एहसास दिलाता है कि ये इश्क़ पाइंदा है...

ये मोहब्बत ही तो है... जिसकी वजह से तू ज़िंदा है!!

Beshak woh roothi hai

Beshak woh roothi hai...teri harkat hi aisi thi...
Tu mashroof tha daftar ki filo mein...aur use
intezaar ki aadat thi...

Beshak woh roothi hai...haq hai uska...
Ye wakt bhi yadgaar hota..bas Tere manane ki
zarurat thi...

Beshak woh roothi hai...use lagta hai tu ye fir
se dohrayega....
Use ye bhi hai pata...tu beshak use fir se
manayega...

Beshak woh roothi hai...use teri fikr hai...
Usse behtar tujhe kaun jaan payega...

Beshak woh roothi hai...ke use pata hai uske
roothne se tu usse pyaar jatata hai...
Use ye bhi hai pata ki uske muskurahat ke
bina tu ji nahi pata hai....

Ye roothna manana hi to ehsaas dilaata hai ki ye ishq pa'inda hai...

Ye mohobbat hi to hai..jiski wajah se tu zinda hai!!

आज वो दिन फिर से दोहराने को जी चाहता है

आज वो दिन फिर से दोहराने को जी चाहता है

वो गुलाब जो किताबों में अरसो से बंद है

वो आशिकी चाहता है

गुज़रे होंगे तुम्हारे साथ हजारो मीठे लम्हे मगर

दिल फिर से आज इस लम्हे में वही ज़िंदगी चाहता है

पढ़ी होगी हज़ारों बार तेरी तारीफ़ों में गजलें

फिर भी आज एक और नज़्म

पढने को जी चाहता है

आज वो दिन फिर से दोहराने को जी चाहता है!

तुम से पहले की ज़िंदगी याद नहीं मुझको

तेरे बाद की ज़िंदगी की फरियाद नहीं मुझको

तेरे साथ गुजरे इन्ही लम्हों में जीने की ख्वाहिश के लिए

दिल यही एहसास ए रूहानी चाहता है

दिल फिर से आज इस लम्हे में वही ज़िंदगी चाहता है!

Aaj woh din fir se dohrane ko ji chahta hai

aaj vo din phir se doharaane ko ji chaahata hai

vo gulaab jo kitaabon mein araso se band hai

vo aashiqui chaahata hai

guzare honge tumhaare saath hajaaro meethe lamhe magar

dil phir se aaj is lamhe mein vahi zindagi chaahata hai

padhi hogi hazaaron baar teri taareefon mein gajalen

phir bhi aaj ek aur nazm

padhane ko ji chaahata hai

aaj vo din phir se doharaane ko ji chaahata hai!

tum se pahale ki zindagi yaad nahin mujhako

tere baad ki zindagi ki phariyaad nahin mujhako

tere saath gujare inhi lamhon mein jeene ki khvaahish ke lie

dil yahi ehasaas e roohaanee chaahata hai

dil phir se aaj is lamhe mein vahi zindagi chaahata hai!

मेरी दोस्त

वो ना जाने कैसे सब समझ जाती है...

मैं होठों से कुछ कहता हूं वो आंखे पढ़ लेती है...

करती वही जो उसका दिल करे... पर करती है सब कुछ बस मेरे लिए...

एक दोस्त जो जीती है बस मेरे लिए...

कभी रूठती है मेरी हरकतों से... पर मन भी जाती है...

बस सब कुछ बदल जाता है जब वो मुस्कुराती है...

ये कैसा रिश्ता बन गया ना कुछ छुपाने की ज़रूरत ना कुछ बताने की...

एक दूसरे पे यूं हक जताने की...

मुझपर हक जताती भी है तो बस मेरे लिए...

एक दोस्त जो जीती है बस मेरे लिए...

मेरा जो है तुम्हारा ही तो है... मैं कहता रहता हूं...

उसने सब कुछ मुझे दे दिया... पर कभी कुछ नहीं कहा...

ये रिश्ता कुछ अलग है... मैं बयां नहीं कर पाऊंगा...

बस इतना समझ लो इस दोस्त के बिना नहीं रह पाऊंगा...

जो हस्ती है... रोती है... सोचती है... कहती है... जो भी करती
रहती है...

बस करती है वो मेरे लिए...

ना जाने खुदा को करूं शुक्रिया या उसे...

मेरी दोस्त जो जीती है तो बस मेरे लिए!!!

Meri Dost

Woh na jane kaise sab samaj jaati hai...

Main hothon se kuch kehta woh aankhe padh leti hai...

Karti wohi Jo uska dil kare...par karti hai sab kuch bas mere liye...

Ek Aisi dost Jo jeeti hai bas mere liye....

Kabhi roothti hai meri harkato se...par maan bhi jaati hai...

Bas sab kuch badal jaata hai jab woh muskurati hai...

Yeh kaisa rishta ban gaya na kuch chupaane ki zarurat na kuch batane ki...

Ek doosre pe yun haq jatane ki...

Mujhpar haq jatati bhi hai to bas mere liye...

Ek Aisi dost Jo jeeti hai bas mere liye...

Mera Jo hai tumhara hi to hai...main kehta rehta hoon...

Usne sab kuch mujhe de diya...par kabhi kuch nahi kaha...

Ye rishta kuch alag hai...main bayan nahi kar paunga...

Bas itna samajh lo is dost ke bagair nahi reh paunga....

Jo hasti hai...roti hai...Sochti hai...kehti hai...Jo bhi karti rehti hai...

Bas karti hai woh mere liye...

Na jaane khuda ko karu shukriya ya usey...

Meri dost jo jeeti hai to bas mere liye!!!

इश्क का मंज़र

तेरे चेहरे की नज़ाकत का समुंदर बन जाने दे...

उन हाथों की नरम एहसास का एक अनोखा असर बन जाने दे...

दे कर हसीन पलो को साथी...

उन लम्हों को इश्क का मंज़र बन जाने दे!!

अपनी धड़कनो की रफ़्तार से मुस्कुराहट की तस्वीर सजा दी तुमने...

अपने सांसों की महक से मेरी तकदीर बना दी तुमने...

शर्म का पर्दा भी खूब किया दिलबर से...

झुकी पलकों में भी नाचीज़ को पनाह दी तुमने...

Ishq ka manzar

tere chehre ki shokhiyo ka samundar ban
jaane de...
un hatho ki narm ehsaso ka ek anokha asar
ban jaane de...
dekar haseen palo ko saathi...
un lamho ko ishq ka manzar ban jaane de!!

apni dhadkano ki raftaar se muskurahat ki
tasweer saja di tumne...
apne sanso ki mehek se meri takdeer bana di
tumne...
sharm ka parda bhi khoob kiya dilbar se..
jhuki palko mein bhi nacheez ko panah di
tumne...

आओ तो सही

उस ख़त में क्या लिखा है... ज़रा बताओ तो सही...

अपना हाले दिल हमें सुनाओ तो सही...

हम कब से रूठ के बैठे हैं तुम्हें इल्म भी नहीं...

ज़रा यहाँ आकर हमें मनाओ तो सही...

ये दिल घबराया हुआ है ज़माने की बेरुखी से...

इसे थोड़ा समझाओ तो सही...

शायद कुछ फ़र्क पड़े जीने के सालेके में...

एक अधूरा एहसास को पूरा करें... आओ तो सही!!

Ao to Sahi

Us Khat mein kya likha hai ...zara batao to sahi...

Apna haale dil hamein sunao to sahi...

Hum kab se ruth ke baithe hai tumhe ilm bhi nahi..

Zara yaha akar hamein manao to sahi....

Ye dil ghabraya hua hai zamane ki berukhi se...

Ise thoda samjhao to sahi...

Shayad kuch fark pade jeene ke saleeke mein..

Ek adhure ehsaas ko poora karne...ao to sahi!!

कोई बात है क्या?

तुम परेशान क्यों हो

कोई बात है क्या??

सह रहा फ़ज़ूल में औरों के दर्द

तू इतना नादान क्यों है

कोई बात है क्या??

विश्वास करो मेरा

कुछ संदूके खाली भी हुआ करती है

ये तुम्हारे कांधे पे इतना सामान क्यों है...

कोई बात है क्या??

Koi Baat hai kya?

Tum pareshaan kyo ho

Koi baat hai??

Seh rahe ho fazool mein auro ke dard

itne naadan kyo ho

Koi baat hai??

vishwas karo mera

kuch sandooke khali bhi hua karti hai

Ye tumhare kandhe pe itna samaan kyo hai..

Koi baat hai??

एक कप चाय

किसी ने कहा ये बादल आज खुश बहुत है

अपनी मुस्कान की बूंदों को चारो तरफ बिखरा कर आसमान की बाहों में घुल रही है

कुछ बूँदें मुझपे गिरी तो तेरी याद आ गई

तेरी मुस्कुराहट से लगा शायद तुझे भी कुछ ऐसा ही लगा होगा!

एक ठंडी सी भीनी सी खुशबू जो हवाओं को साथ लिये मेरे बालों में अपना हाथ फेर रही है

तो मुझे इन्ही एहसासों से तेरी याद आ गई

तेरी सौंधी सी हंसी से लगा शायद तुझे भी कुछ ऐसा ही लगा होगा!

मेरे सामने रखे गरम पकौड़ों की महक और पुराने गानो की लहर में मुझे तेरी याद आ गई

तेरे हाथों की वो गरम चाय की प्याली से लगा शायद तुझे भी कुछ ऐसा ही लगा होगा!

इस लम्हे में बहुत सारी बातें हैं जो शायद आने वाले कल में सच होंगे

उन्हीं में से एक लम्हा याद आया तो तेरी याद आ गई

तेरी झुकी पलकों से लगा शायद तुझे भी कुछ ऐसा ही लगा होगा!

मेरे ख्यालों में गुजरती हुई धुंधली सी तस्वीर तेरी, ना जाने किसकी है... ये सोच ही रहा था

की इन्ही ख्यालो में तेरी याद आ गई

तू कहती तो नहीं पर शायद तुझे भी कुछ ऐसा ही लगा होगा!

Ek cup chai

Kisi ne kaha ye baadal aaj khush bahut hai,

apni muskaan ki boondo ko charo or bikher kar aasmaan ki baahon mein ghul raha hai..

kuch boonde mujhpe gire to Teri yaad aagayi...

Teri muskurahat se laga tujhe bhi kuch Aisa hi laga hoga...

Ek thandi bhini si khushbu Jo hawao ko sath liye mere balon mein apna hath fer rahi hai to mujhe Teri yaad agayi....

Teri saundhi si hasi se laga tujhe bhi kuch Aisa hi laga ho..

Mere saamne rakhe garam pakodon ki mehek aur purane gaano ki leher mein Teri yaad aagayi

Tere hatho ki woh garam chai ki pyali se laga tujhe bhi kuch Aisa hi laga hoga...

Is lamhe mein anginat baatein hai jo shayad aane Wale kal mein sach honge...unhi mein se ek lamha yaad aya to Teri yaad aagayi

Teri jhuki palko se laga tujhe bhi kuch Aisa hi laga hoga...

Mere khayalo mein guzarti woh dhundli si tasweer Teri "kiski hai" ye soch hi Raha tha, ki inhi khayalo mein Teri yaad aagayi...

Tu kehti to nahi par shayad tujhe bhi kuch Aisa hi laga hoga...!!!

दो पल

दो पल तेरा हंसना मेरा दिल संभल जाए...

दो पल तेरा मिलना मेरी जान भर आये

दो पल पास आना मेरी सांसें लौट आये

दो पल दूर जाना मुझसे ना हो पाये

दो पल की वो बातें क्यों यादें बन जायें

दो पल मेरा कहना तुझ जैसा है कहा

दो पल मेरी सुनके तू शर्मा जाए...

ये ज़िंदगी के दो पल मैं चुन रहा हूं यारा

तू आएगी जब घर मेरे एक हार बनाऊंगा...

जो प्यार समेटा था दो पल में ज़िंदगी भर लुटाऊंगा...

शायद तुम ऊब जाओगी मेरी इन बातों से...

पर एक पुराने रेडियो जैसा मैं कहता जाऊंगा...

मुझे तुमसे इतना प्यार है दुनिया ना समझेगी

तू समझेगी मगर फिर भी थोड़ा कम ही समझेगी... के जितना
तुझको लगता है उससे थोड़ा ज़्यादा है...

हर पल इतना प्यार करूंगा छोटा सा एक वादा है...

शायद तुम ऊब जाओगी मेरी इन बातों से...

पर पुराने रेडियो जैसा मैं कहता जाऊंगा...

जो प्यार समेटा दो पल में ज़िंदगी भर लुटाऊंगा...

Do Pal

Do pal Tera hasna Mera dil sambhal jaye..

Do pal Tera milna meri Jaan bhar aaye

Do pal pass ana meri saans Laut aaye

Do pal door jaana mujhse na ho paye

Do pal ki woh batein kyo yaadein ban jaye

Do pal mera kehna tujh jaisa hai kaha

Do pal meri sunke tu yu Sharma jaye...

Ye zindagi ke do pal main chun raha hoon yaara

Tu ayegi jab Ghar mere ek haar banaunga...

Jo pyaar sameta tha do pal mein zindagi bhar lutaunga...

Shayad tum oob jaogi meri in baaton se ....

Par phate radio jaise main kehta jaunga...

Mujhe tumse itna pyaar hai duniya na samjhegi

Tu samjhegi magar phir bhi thoda Kam hi
samjhegi ....

Ke jitna tujhko lagta hai usse thoda zyada hai...

Har pal itna pyaar karunga chota sa ek vaada
hai...

Shayad tum oob jaogi meri in baaton se ....

Par phate radio jaise main kehta jaunga...

Jo pyar sameta do pal mein zindagi
bhar lutaunga....

वो आये

वो आये इस कदर ज़िंदगी में कुछ सूझा ही नहीं

एक उनके सिवा मैंने नाम भी किसका लिया था उम्र भर...

जब गले से लगे वो शर्माकर सपना सा लगने लगा

मैंने देखा भी ख्वाब और क्या उम्र भर

वो मुस्कुराती है तो खुशियाँ कदम चूमती है मेरी...

दुआओ में मंगा ही और क्या था उम्र भर

उनकी सादगी ने मुझे जीत लिया है... मुझे तो उनसे हारना ही था उम्र भर...।

केहदूं की कितनी मोहब्बत है या थोड़ा जता भी लूं... यही तो अब करना है उम्र भर!!!

Woh Aaye

vo aaye is kadar zindagi mein kuchh soojha hi nahin

ek unake siva mainne naam bhi kisaka liya tha umr bhar...

jab gale se lage vo sharmaakar sapana sa lagane laga

mainne dekha bhi khvaab aur kya umr bhar

vo muskuraati hai to khushiyaan kadam choomati hai meri...

duao mein manga hi aur kya tha umr bhar

unaki saadagee ne mujhe jeet liya hai... mujhe to unase haarana hi tha umr bhar....

kehadoon ki kitani mohabbat hai ya thoda jata bhi loon... yahi to ab karana hai umr bhar!!!

तू ही तो ज़िंदगी है!!

तू आज है तू ताज है दिल मोहताज है तेरा

एक राज़ है हमराज़ है हर अल्फ़ाज़ है मेरा

वो तारे जो सारे आसमान में तेरे भी मेरे भी उतने ही करीब हैं...

फिर रस्तों में मिलो के फासले में ढलते हैं

कहीं आसमान में चल हम मिलते हैं

वक्त भी हम से ठिठोली है करता

होता है और नहीं भी

मिलते है जब हम उड़ जाता है रेत सा

नहीं तो कट ता है और नहीं भी

तेरे मिलने की आस है थोड़ी सी प्यास है

बूँद बूँद संभल के पीता हूँ... हर कतरे में जीता हूँ

तुझसे कहता हूँ बेशक़ की मोहब्बत की दस्तक तेरे ही दर तक

ये कैसी आशिकी है

जो गाता हूँ तेरी ही मौसिकी है

मेरा हर जर्रा जर्रा तुझसे ही है

तू ही तो ज़िंदगी है!!

Tu hi to zindagi hai

Tu Aaj hai tu taj hai Dil mohtaj hai tera

ek Raaz hai humraaz hai har alfaaz hai mera

Woh tare Jo sare asmaan mein tere bhi mere
bhi utne hi kareeb hai...

fir rasto mein Milo ke faslo mein dhalte hai

kahi aasman mein chal hum milte hai

Wakt bhi hum se thitholi hai karta

hota hai aur nahi bhi

milte hai jab hum ud jaata hai ret sa

nahi to kat ta hai aur nahi bhi

Tere Milne ki aas hai thodi si pyaas hai

 boond boond sambhal ke Peeta hoon..

har katre mein jeeta hoon

Tujhse kehta hoon beshak ki mohobbat ki
dastak tere hi dar tak

ye kaisi Aashiqui hai

jo gaata hoon Teri hi mausiqui hai

mera har zarra zarre tujhse hi hai

tu hi to zindagi hai!!

काश

काश ऐसा हो कि सारी दुनिया थम जाए

कभी मुझसे मिलने तुम आओ कभी तुमसे मिलने हम आये

उन आँखों की गहरी मस्ती में दूर कहीं हम खो जाएँ

कभी मुझसे मिलने तुम आओ कभी तुमसे मिलने हम आये

उस नील गगन की बातों में चाँद सी मीठी रातों में

हम आसमान में घुल जायें

कभी मुझसे मिलने तुम आये कभी तुमसे मिलने हम आये

एक बात कहनी थी तुमसे जो आज तक ना कह पाए

दिल को समझाते रह गए पर ना कहे ना रह पाए

बारिश की हर बूंदो में बस तेरा चेहरा दिखता है

तेरी हर मुस्कान का असर मुझपे गहरा दिखता है

थामे हाथ मेरे ख्वाबो में हमने, मेरी रातें रंगीन हो गई

सवेरे उठे तो वक्त बहुत ठहरता दिखता है

आज तक उन ख्वाबों को हम कभी ना भूल पाये

कभी मुझसे मिलने तुम आये कभी तुमसे मिलने हम आये

काश ऐसा हो ए मृगनयनी तू जब शरमाए

सारे गम भुलाकर दिल ख़ुशी से मदमस्त हो जाए

जीवन का हर कड़वापन भी मीठा लगने लग जाए

और फूलों की चादर बन राहों में प्यारों के छाले सहलाए

वो पवन जो छूकर तुमको मुझको स्पर्श कर जाये

कैसे कहूँ तुमसे कि ये दिल कितना खुश हो जाये

ख्वाबों में अधरो से तुम मेरा नाम जब लेती हो

सच कहता हूँ नींद में भी अधरे मेरी मुस्काये

एहसास जो दिल के है हम औरो को क्या समझाएं

और नयन मूंद के स्वप्न लोक में दिल का हाल सुना आये

जब मुझसे मिलने तुम आये और तुमसे मिलने हम आये

काश ऐसा हो जाए के ख्वाब हकीकत बन जाए

तुम आसमान से धरती पर मुझसे मिलने आजाओ

वादा है तुम पर परी लोक से अधिक प्यार बरसाऊंगा

तेरी हर बातों को सर आंखों पर लाऊंगा

ख्वाबों में तो बहुत कुछ तुमसे हमने कह दिया

निकट खड़े हो जाओगे तो शायद ही कुछ कह पाऊंगा

है यकीन तुम मेरी ये खामोशी भी अपनाओगे

जब तुमसे मिलने मैं आऊंगा और मुझसे मिलने तुम आओगे

Kaash

kaash aisa ho ki saaree duniya tham jae

kabhee mujhase milane tum aao kabhee
tumase milane ham aaye

un aankhon kee gaharee mastee mein door
kaheen ham kho jaen

kabhee mujhase milane tum aao kabhee
tumase milane ham aaye

us neel gagan kee baaton mein chaand see
meethee raaton mein

ham aasamaan mein ghul jaayen

kabhee mujhase milane tum aaye kabhee
tumase milane ham aaye

ek baat kahanee thee tumase jo aaj tak na kah
pae

dil ko samajhaate rah gae par na kahe na rah
pae

baarish kee har boondo mein bas tera chehara dikhata hai

teree har muskaan ka asar mujhape gahara dikhata hai

thaame haath mere khvaabo mein hamane, meree raaten rangeen ho gaee

savere uthe to vakt bahut thaharata dikhata hai

aaj tak un khvaabon ko ham kabhee na bhool paaye

kabhee mujhase milane tum aaye kabhee tumase milane ham aaye

kaash aisa ho e mrganayanee too jab sharamae

saare gam bhulaakar dil khushee se madamast ho jae

jeevan ka har kadavaapan bhee meetha lagane lag jae

aur phoolon kee chaadar ban raahon mein pyaaron ke chhaale sahalae vo pavan jo chhookar tumako mujhako sparsh kar jaaye

kaise kahoon tumase ki ye dil kitana khush ho jaaye

khvaabon mein adharo se tum mera naam jab letee ho

sach kahata hoon neend mein bhee adhare meree muskaaye

ehasaas jo dil ke hai ham auro ko kya samajhaen

aur nayan moond ke svapn lok mein dil ka haal suna aaye

jab mujhase milane tum aaye aur tumase milane ham aaye

kaash aisa ho jae ke khvaab hakeekat ban jae

tum aasamaan se dharatee par mujhase milane aajao

vaada hai tum par paree lok se adhik pyaar barasaoonga

teree har baaton ko sar aankhon par laoonga

khvaabon mein to bahut kuchh tumase
hamane kah diya

nikat khade ho jaoge to shaayad hee kuchh
kah paoonga

hai yakeen tum meree ye khaamoshee bhee
apanaoge

jab tumase milane main aaoonga aur mujhase
milane tum aaoge

दर्द भरे लम्हे

वो जो कहते हैं कि ज़िंदगी फिर से शुरू कर लेना... ये बात समझ नहीं आती है...

वो भोला बचपन कहा से लाऊं

वो मासूम खिलौने कहा से लाऊं

वो पहला इश्क क्या फिर हो सकता है??

वो पहला प्याला कहां से लाऊं

वो लोग कहा मिलेंगे हमको जो हमसे हमको मिलाते थे

वो किताबों में रखे फूल दिखादो जो मुरझाके भी खिलते थे

वो तसवीर कैसे लाऊं फिर जो तन्हाई मिटा देती थी

वो बादल कहां से ले आऊं जो सारे आंसू छुपा लेती थी...

वो जो कहते हैं कि ज़िंदगी फिर से शुरू कर लेना... ये बात समझ नहीं आती है...

Woh jo kehte hai ki zindagi firse shuru kar lena...ye baat samaj nahi aati hai...

Woh bhola bachpan kaha se laun

Woh masoom khilaune kaha se laun

Woh pehla Ishq kya ho sakta hai??

Woh pehla pyala kaha se laun

Woh log kaha milenge humko Jo humse humko milte the

Woh kitabo mein rakhe phool dikhado jo murjhake bhi khilte the

Woh tasweere kaise laun firse jo tanhai Mita deti thi

Woh badal kaha se le aun jo saare ansu chupa leti thi...

Woh jo kehte hai ki zindagi firse shuru kar lena...ye baat samaj nahi aati hai

---

कुछ सुनायी दे रहा है ना...

इस सन्नाटे में धड़कनो से ज़्यादा तुम्हारी यादों की आवाज़...

तुम्हारा हर एक अंदाज़ और वो एक राज़ जो तुम अपने साथ लेके चली गई...

मुझे बता सकती थी मैं सुन रहा था...

बहुत सारी अनकही बातें... कुछ ऐसे लम्हे जो हम दोनों ने समझने में भूल कर दी... वो उम्मीदें जो तुमने कभी बयां नहीं की...

मुझे बता सकती थी मैं सुन रहा था...

घुटन, बेबसी, खामोशी, नाराजगी ये सब किसी वाक्य के चुने हुए शब्द जो सुनाए दे रहे थे...

शायद पूरी कहानी सुनने की हिम्मत नहीं हो रही थी...

तुम चाहती तो समझा सकती थी कि शायद ये मतलब नहीं था तुम्हारे कहने का...

वो जो शायद तुमने नहीं कहा मुझे बता सकती थी मैं सुन रहा था।

आज तुम मेरे करीब नहीं पर एहसास अब भी है शायद किसी कमरे से तुम्हारी पुकार आएगी कि "तुम्हारी वजह से देर तक जागना पड़ता है, ऑफिस है कल सुबह उठके सब काम करके भागना पड़ता है, कितना कहूँ तुमसे कि रात को फोन चलाने से नींद नहीं आती और तुम्हारे बिना मुझे ठीक से नींद नहीं आती"...

शायद ये बातें यादों से निकल कर हकीकत का दामन थाम लेते हैं... ये सिर्फ मुझे दिखाई और सुनायी देते हैं...

मानता हूं मैं काम में उलझा रहता हूं, कुछ सूझता नहीं कभी...

पर गर दिल में कुछ अनकही गिले शिकवे थे तो मुझे बता सकती थी मैं सुन रहा था...

Kuch sunai de Raha hai na...

Is sannate mein dhadkano se zyada tumhare yaado ki awaaz...

Tumhara har ek andaaz aur woh ek Raaz jo tum apne sath leke chali gayi...

Mujhe bata sakti thi main sun raha tha...

Bahut saari ankahi baatein..

kuch aise lamhe jo hum dono ne samajne mein bhool kardi...

woh umeedein jo tumne kabhi bayaan nahi ki....

Mujhe bata sakti thi main sun raha tha....

Ghutan, bebasi, khamoshi, narazgi ye sab kisi vakya ke chune hue shabd the jo sunai de rahe the...

shayad poori kahani sunne ki himmat nahi ho rahi thi...

tum chahti to samjha sakti thi ki shayad ye matlab nahi tha tumhare kehne ka...

woh Jo shayad tumne nahi kaha Mujhe bata sakti thi main sun raha tha..

AJ tum mere kareeb nahi par ehsaas ab bhi hai shayad kisi kamre se tumhari pukar ayegi ki "tumhari wajah se der tak jaagna padta hai, office hai kal subah uthke sab Kam karke bhagna padta hai, kitna kahu tumse ki raat ko phone chalane se neend nahi aati aur tumhare bina mujhe theek se neend nahi aati"...

shayad ye baatein yaado se nikal kar Haqeeqat ka daaman tham lete hai...ye sirf mujhe dikhai aur sunai dete hai...

Manta hoon main kaam mein ulaj sa jaata hoon kuch soojta nahi kabhi kabhi...

par gar dil mein kuch ankahi gile shikwe the to Mujhe bata sakti thi main sun raha tha....

मैं किसी को कोई ख्वाब नहीं दे सकता

थोड़ा कमज़ोर हूं

जस्बात, वफ़ा, हमदर्दी, प्यार, किसी का भी हिसाब नहीं दे सकता...

तुम कहते थे कि मैं वो था जो जान भी दे सकता था...

अब मांग के देख लो... अपने प्याले से दो बूंद भी शराब नहीं दे सकता...

Main kisi ko koi khwab nahi de sakta

Thoda kamzor hoon

Jasbaat, wafa, hamdardi, pyaar, kisi ka bhi hisaab nahi de sakta...

Tum kehte the ki main woh tha Jo Jaan bhi de sakta tha..

Ab maang ke dekh lo...apne pyale se do boond bhi sharab nahi de sakta..

मौत किसने देखी है

शायद कुछ ऐसा होता होगा...

कहते हैं मुर्दे को दर्द नहीं होता

सुकून अँधेरों का जहां कोई मंज़र या हमदर्द नहीं होता होगा

सूरज की आग जहां पहुंच नहीं पाती

चांद दिखता नहीं जहां से

ज़माने का गम क्या होता है

सब नश्वर है कुछ टिकता नहीं वहां पे

बारिश से आंसू छिपाना नहीं पड़ता होगा

बेवज़ह महफिलों में मुस्कुराना नहीं पड़ता होगा

नींद पूरी होती होगी, इंसान कुछ ऐसा ही सोता होगा

मौत किसने देखी है

शायद कुछ ऐसा होता होगा...

अपनों को मेरे बोझ से रिहा करता होगा...

आंसूओं से बेह जाते होंगे सारे बंधन

जीवन रुकता नहीं अपनी गति से चलता है

वक्त सब बदल देगा... इंसान खुद में संभल लेता है

मैं भी याद बनके खो जाऊंगा वक्त के किसी पुराने गोदाम में

शायद तब मुस्कुरा पाऊं मैं इस पूर्ण विराम में...

इस ज़िंदगी को शायद करीब से देख लिया मैंने, ये मुझ जैसा नहीं...

वो जो अकेला सा, धुंधला सा, अंधेरा सा, खोया सा है ना, सबको अपनी बाहों में समाए हुए... ये मौत शायद मुझ जैसा होता होगा...

मौत किसने देखी है

शायद कुछ ऐसा ही होता होगा...

--

Maut kisne dekhi hai

Shayad kuch Aisa hota hoga...

Kehte hai murde ko dard nahi hota hoga

Sukoon andhero ka jaha koi manzar ya hamdard nahi hota hoga

Suraj ki aag jahan pahuch nahi pati

Chaand dikhta nahi jaha se

Zamane ka gam kya hota hai

Sab nashwar hai kuch tikta nahi waha pe

Barish se aansu chupana nahi padta hoga

Bewajah mehfilo mein muskurana nahi padta hoga

Neend poori hoti hogi, insaan kuch Aisa hi sota hoga

Maut kisne dekhi hai

Shayad kuch Aisa hota hoga...

Apno ko mere bojh se riha karta hoga..

Ansuo se beh jaate honge saare bandhan

Jeevan rukta nahi apne gati se chal leta hai

Wakt sab badal dega...insaan khud mein sambhal leta hai

Main bhi yaad bankar kho jaunga wakt ke kisi purane godam mein

Shayad tab muskura paun main is poorn viram mein...

Is zindagi ko shayad kareeb se dekh liya maine, ye mujh jaisa nahi...

Woh jo Akela sa, dhundla sa, andhera sa, khoya sa hai na, sabko apni bahon mein samaye hue..ye maut shayad mujh jaisa hota hoga...

Use kisne dekha hai

Shayad kuch Aisa hi hota hoga...

कुछ उम्मीदें अधूरी रह गईं... कुछ ख्वाब अधूरे रह गये

कुछ वादे अधूरे रह गये, कुछ रिश्ते अधूरे रह गये

कुछ लम्हे अधूरे रह गए चंद मुस्कुराहट अधूरे रह गए

कुछ आंसू गिराने ना दिये हमने कुछ जमाने से चुपके बहाए...

कुछ राहें मंज़िल का पता लाए... वो भी अधूरे आए...

यादों को भी पूरा न होने दिया जब भी बीती बातें याद आईं...

हमें नहीं मिलना उन खुशियों से जो अरसो बाद आयी...

हौसला अधूरा है... हिम्मत अधूरी है... जस्बात अधूरे है... शायद किस्मत अधूरी है...

इस अधूरी कशमकश में एक ही दुआ है तुझसे

वादा कर ऐ खुदा तेरी जो भी मजबूरी हो...

मुझे वो नींद दे... अब की बार जो पूरी हो!!

---

kuch umeede adhure reh gaye...kuch khwab adhure reh gaye

Kuch waade adhure reh gaye kuch rishte adhure reh gaye

Kuch lamhe adhure reh gaye Chand muskurahat adhuri reh gayi

Kuch ansu girne na diye hamne kuch zamane se chupke bahaye...

Kuch rehe manzil ka pata laye the...woh bhi adhure aye...

Yaadon ko bhi poora na hone diya jab bhi beeti baatein yaad aayi...

Humein nahi milna un Khushiyon se jo arso baad aayi....

Hausle adhure hai...himmat adhuri hai... jasbaat adhure hai...shayad kismat adhuri hai..

Is adhuri kashmakash mein ek hi dua hai
tujhse

Wada kar ay khuda teri jo bhi majboori ho....

Mujhe woh neend dede...ab ki
baar jo poori ho!!

आज कुछ दिल भारी भारी सा है

आने वाले कल की तयारी सा है

हलचल तो बहुत देखी मैंने

आज कुछ बेकरारी सा है...

खुद से जंग हो जैसे

जीतूंगा भी मैं और हारूंगा भी मैं

मानो कफन में लिपटे शरीर और जमाने से बेफिक्र आत्मा की
साझीदारी सा है...

आज कुछ दिल भारी भारी सा है...

Aaj kuch Dil bhari bhari sa hai

Aane wale kal ki tyari sa hai

Hulchal to bahut dekhi maine

Aaj kuch bekarari sa hai...

Khud se Jung ho jaise

Jeetunga bhi main aur haarunga bhi main

Mano kafn mein lipte shareer aur zamane se
befikr aatma ki saajhedari sa hai...

Aaj kuch Dil bhari bhari sa hai....

वो शीशा था या दिल जो बिखरा है यहाँ

उनमें कभी तुम नज़र आये तो कभी मैं

ज़माने के हर छाँव में धूप नज़र आती है

कभी-कभी ये धूप बहुत ख़ूब नज़र आती है

इतने चेहरे हैं पर सब एक से लगते हैं

उनमें कभी तुम नज़र आये तो कभी मैं

ज़िंदगी इतनी मुश्किल नहीं, आसां भी नहीं है

आहटों की सियाही है हर पन्ने में कुछ जानी पहचानी सी

कोई नया दस्तक कैसे देगा

उन आहटों में कभी तुम नज़र आये तो कभी मैं...

समुंदर को देख हेरां हूं मैं... कभी शांत तो कभी हताश लहरों में
सिमटा हुआ

मिटा रहा है वो पुरानी कहानियाँ... फाड़ कर कुछ पन्ने कुछ नया लिख रहा है...

हम कैसे खुदगर्ज निकले कि उन पन्नों में भी कभी तुम नज़र आये तो कभी मैं...

Woh sheesha tha ya dil jo bikhra hai yaha

Unme kabhi tum Nazar aye to kabhi main

Zamane ke har chaanv mein dhoop Nazar aati hai

Kabhi kabhi ye dhoop bahut khoob Nazar aati hai

Itne chehre hai par sab ek se lagte hai

Unme kabhi tum Nazar aye to kabhi main

Zindagi itni mushkil nahi beshak, asaan bhi nahi hai

Ahaton ki siyahi hai har panne mein kuch jaani pehchani si

Koi naya dastak kaise dega

Un ahaton mein kabhi tum Nazar aye to kabhi main...

Samundar ko dekh hairan hoon main..kabhi shaant to kabhi hatash lehro mein simta hua

Mita raha hai woh purani kahaniya...phad kar kuch panne kuch Naya likh raha hai...

Hum kaise khudgarz nikle ki un panno mein bhi kabhi tum Nazar aye to kabhi main...

वो पल याद है तुम्हें जब मैं बेमतलब तुम्हें गले लगा लिया करता था...

नास्ते में तुम्हारे लिए चाय बनाया करता था...

एक ही थाली में खाते थे और शायद मैं तुम्हारे साथ का भी खा लिया करता था...

वो पल याद है जब हम लॉन्ग ड्राइव पर जाया करते थे...

हाईवे पर वक्त को मात देते हुए 20 की स्पीड में गाड़ी चालाया करते थे...

जब मैं गियर बदलता था तुम मेरा हाथ थाम लेती थी...

और दिन की सारी बात एक दूसरे को बताया करते थे...

वो पल याद है जब मैं कहता था कि तुम मेरा सब कुछ है...

फ़िर मेरे हिस्से में क्यो ये गम है...

दिन में हज़ार बार आई लव यू कहा कि मुझे लगता था मैं जितना इज़हार करू कम है...

शायद... शायद ये लम्हा सिर्फ मुझे याद आ रहा है...

तुम्हें पता है मैंने चाय बनाना छोड़ दिया... किसी को भी गले लगाना छोड़ दिया...

किसी का हाथ थामे अरसा हुआ और मैंने दिल से मुस्कुराना छोड़ दिया...

तेरे जाने के बाद मैंने खुद से भी बातें करना छोड़ दिया...

शायद... वो लम्हे सिर्फ मेरे किताबों के पन्नो में लिखे थे... तुमतक नहीं पहुँचे कभी...।

ये आखिरी तोहफा "हमारी जुदाई का" मैंने तुम्हें दे तो दिया...

पर तुम्हारा कुछ है मेरे पास उसे कब ले जाओगी... सब कुछ समेट के जो यादें बांध रखी है... इतनी आसानी से उन यादों को मेरे पास छोड़ दिया...

शायद तुम्हें कुछ याद नहीं...और वो लम्हे सिर्फ मुझे याद रह गए हैं...

सच में यार तुमने मेरा दिल तोड़ दिया!!!

Woh pal yaad hai tumhe jab main bematlab tumhe gale laga liya karta tha...

Naste mein tumhare liye chai banaya karta tha...

Ek hi thali mein khate the aur shayad main tumhare hisse ka bhi kha liya karta tha...

Woh pal yaad hai jab hum long drive pe Jaya karte the ....

Highway pe wakt to maat dete hue 20 ki speed mein chalaya karte the ...

Jab main gear badalta tha tum Mera haat tham leti thi...

Aur din ki sari baat ek doosre ko bataya karte the...

Woh pal yaad hai jab main kehta tha ki tum Mera sab kuch hai..

Fir mere hisse mein kyo ye gam hai....

Din mein hazar baar I love you kaha ki mujhe lagta tha main jitna izhaar Karu kam hai....

Shayad....shayad ye lamha sirf mujhe yaad aa rahe hai ...

Tumhe pata hai maine chai banana chod diya...kisi ko bhi gale lagana chod diya...

Kisi ka hath thame arsa hua aur maine dil se muskurana chod diya...

Tere jaane ke baad maine khud se bhi baatein karna chod diya...

Shayad...woh lamhe sirf mere kitabo ke panno mein likhe the...tumtak nahi pahuche kabhi....

Ye akhri tohfa hamari judai ka maine tumhe de to diya...

Par tumhara kuch hai mere pass use kab le jaogi....sab kuch samet ke jo yadein bandh rakhi hai...itni asani se un yaadon ko mere pass chod diya.....

Shayad tumhe isiliye kuch yaad nahi...

Aur woh lamhe sirf mujhe yaad reh Gaye hai...

Sach mein yaar tumne Mera Dil hi Tod Diya!!!

रात अजीब सी है ना

उसे कोई पसंद नहीं करता

उसे कोई जीना नहीं चाहता

वो उम्मीद तो लाता है पर सवेरे का...

और खुद प्रतिबिम्ब है एक अंजान घेरे का

वो दुनिया की हलचल को अचानक शांत कर देता है

सुकून भरा हर प्रान्त कर देता है

और हम उसी सुकून के दायरे में नींद को अपना लेते हैं

रात बस गुज़र जाती है

और हम सवेरे को अपना लेते हैं...

मैं वो रात हूं... जो शायद सबको समझ नहीं आता

कोई मेरा इंतज़ार नहीं करता

थक कर मेरे कंधे पे सिर रखकर रोया है जमाना

पर कोई मुस्कुराकर मेरा दीदार नहीं करता

मैं वो रात हूं जो सबको खुश देखना चाहता हूं जो भी मेरे अपने हैं

मेरे ही साये में देखते वो कई सपने हैं

बस अँधेरा हूँ चन्द लम्हे साथ चलूँगा तुम्हारे

सहारा नहीं हूं किसी का

पर जितना हूं साथ रहूंगा तुम्हारे

एक मौन हमसफ़र हूं जो हर क्रंदन सुन लेता है

ना होकर भी तुम्हारा एक बंधन बना लेता है

अफ़सोस नहीं करता कि ये साथ दो पल है

ख़ुशी इस बात से है कि दो पल तो तुम्हारा साथ मिला

तुम नहीं समझोगे ऐ दोस्त

सवेरा तुमको फिर बांध लेगा

मेरी आज़ादी तुम्हें रास नहीं आएगी

मैं जानता हूं कि चाहकर भी तू मेरे पास नहीं आएगी

मैं वो रात हूं... जो शायद सबको समझ नहीं आता

कोई मेरा इंतज़ार नहीं करता

थक कर मेरे कंधे पे सिर रखकर रोया है जमाना

पर कोई मुस्कुराकर मेरा दीदार नहीं करता!!!

Raat ajeeb si hai na

Use koi pasand nahi karta

Use koi jeena nahi chahta

Woh umeed to lata hai par savere ka...

Aur khud pratibimb hai ek ghere ka

Woh duniya ki halchal ko achanak Shant kar deta hai

Sukoon bhara har prant kar deta hai

Aur hum usi sukoon ke daire mein neend ko apna lete hai

Raat yuhi guzar jaati hai

Aur hum savere ko apna lete hai...

Main woh raat hoon..jo shayad sabko samaj nahi aata

Koi mera intezaar nahi karta

Thakkar mere kandhe pe sir rakhkar roya hai zamana

Par koi muskurakar mera deedar nahi karta

Main woh raat hoon Jo sabko khush dekhna chahta hoon Jo bhi mere apne hai

Mere hi saye mein dekhte woh kayi sapne hai

Bas andhera hoon Chand lamhe sath chalunga tumhare

Sahara nahi hoon kisi ka

Par jitna hoon sath rahunga tumhare

Ek maun hamsafar hoon Jo har krandan sun leta hai

Na hokar bhi tumhara ek bandhan bun leta hai

Afsos nahi karta ki ye sath do pal hai

Khush is baat se hai ki do pal to tumhara sath mila

Tum nahi samjhoge ay dost

Savera tumko fir bandh lega

Meri azadi tumhe raas nahi ayegi

Main jaanta hoon ki chahkar bhi tu mere paas nahi ayegi

Main woh raat hoon..jo shayad sabko samaj nahi aata

Koi mera intezaar nahi karta

Thakkar mere kandhe pe sir rakhkar roya hai zamana

Par koi muskurakar mera deedar nahi karta!!!

तराश रहा हूँ खुद को

क्या बनुंगा ये खबर नहीं

फिल्हाल पाषाण हूं

ये एहसास है मुझे...

मुस्कुराता चेहरा दिख जाए

ख़ुशी समझने की गुस्ताखी ना करना

फिल्हाल परेशान हूं

ये एहसास है मुझे...

तुम्हारी ज़िंदगी में मेरी अहमियत मुझे मालूम नहीं

तेरे दिल में अगर दस्तक दूं तो बता देना

फिल्हाल तेरा मेहमान हूं

ये एहसास है मुझे

खुद को इस्कदर समेटा है कि औरो को मुकम्मिल नजर तो आऊ

टुकड़ों को कब तक संभाल पाऊंगा नहीं जानता

फ़िलहाल आसान है

ये एहसास है मुझे!!

Tarash raha hoon khud ko

Kya banunga ye khabar nahi

Filhaal paashan hoon

Ye ehsaas hai mujha....

Muskurata chehra dikh Jaye

To use Khushi samajne ki gustakhi na karna

Filhaal pareshaan hoon

Ye ehsaas hai mujhe...

Tumhari zindagi mein meri ehmiyat mujhe
maloom nahi

Tere Dil mein agar dastak doon to bata Dena

Filhaal Tera mehmaan hoon

Ye ehsaas hai mujhe

Khud ko iskadar sameta hai ki auro ko
mukammil nazar to au

Kab tak in tukdo sambhal paunga nahi jaanta

Filhaal asaan hai

Ye ehsaas hai mujhe

मुद्दतो से अकेलापन है... मेरे साथ इस्कदर वो बे मन है...

एक तरफ उजालो से नफरत एक तरफ अँधेरे में वो चिलमन है...

कहते हैं उसे मैंने जाने दिया... जागीर थोड़े ही है... जाना होगा...
उसका मन है...

आंसू को शराफत ने रोक रखा था... नफरतों को मोहब्बत ने...

"बड़ी जल्दी थी उम्र तुझे" कह कर मुस्कुराता मेरा बचपन है...

यादों ने तमाशा बना रखा है... इतनी बेचैनी... इतना हलचल... पर
गौर से देखो तो हर तरफ सूनापन है...

ना वो कभी बदला ना मैं... बस मोहब्बत ने करवट बदली...
शायद यही जीवन है...

फर्श पर बिखरे कागज़ों में मेरी ग़ज़ल चीख रही थी... उसे सुनने
का अब ना मेरा मन है ना उसका मन है...!!!

Muddato se akelapan hai...mere sath iskadar woh be Mann hai...

Ek taraf ujalo se hatash ek taraf andhero mein woh chilman hai....

Kehte hai use maine Jane Diya...jaagir thode hi hai...Jana hoga...uska Mann hai...

Ansuo ko sharafat ne rok rakha tha...nafrato ko mohobbat ne...

"Badi jaldi thi umr tujhe" kehkar muskurata Mera bachpan hai...

Yadon ne tamasha bana rakha hai...intni bechaini...itna halchal...par gaur se dekho to har taraf soonapan hai...

Na woh kabhi badla na main...bas mohobbat ne karwat badli...shayad yehi jeevan hai...

Farsh par bikhre kagazo mein meri gazal cheekh rahi thi....use sunne ka ab na Mera Mann hai na uska Mann hai...!!!

करवट नियत से गलत नहीं... बदलना ही फितरत है... ज़िंदगी ने जैसे खुद ही से शिकायत कर लिया हो...

नींद ने कब का साथ छोड़ा है मेरा... मानो खुली निगाहों ने दिल से इजहारे मोहब्बत कर लिया हो...

शायद इक हाथ की तलाश है जो माथे के रास्ते दिल को समझा दे कि सब ठीक है अब...

शायद हमें इक आवाज़ की तलाश है जो रूह तक पहुँच सके...

किसी के धड़कनों की तलाश है जिसकी गूंज मुझे सुकून के दो पल से नवाजे

जो मेरे लिए खोल दे अपने सारे दरवाजे...

फ़िलहाल अँधेरों के अकेलेपन में महफ़िल ढूंढ रहा हूँ

फ़िलहाल रातों में यादों के पल ढूंढ रहा हूँ

जो ना मिल सके वो सारे सवालो के हल ढूंढ रहा हूँ

मैं खुद के ही लिखे गजल ढूंढ रहा हूं

शायद किसी पुरानी बात से कोई बात निकल आये

दबे उम्मीदो से कोई जस्बात निकल ऐ

जब तक नींद का साथ न मिले तब तक ये कोशिश जारी है...

अभी तो मानो हर एक करवट भारी है...

जैसे मानो मेरे दिल ने मुझसे ही बगावत कर लिया हो

ज़िंदगी ने जैसे खुद ही से शिकायत कर लिया हो...

मानो खुली निगाहों ने दिल से इजहारे मोहब्बत कर लिया हो...

Karwat niyat se galat nahi...badalna hi fitrat hai.. zindagi ne jaise khud hi se shikayat kar liya ho...

Neend ne kab ka sath chod Diya hai mera... mano khuli nigaho ne Dil se izhare mohobbat kar liya ho...

Shayad us hath ki talash hai jo mathe ke raste dil ko samjha de ki sab theek hai ab...

Shayad us awaz ki talash hai jo ruh tak pahuch sake...

Kisi ke dhadkano ki talash hai jiski goonj mujhe sukoon ke do pal se nawaze

Jo mere liye khol de apne saare darwaze...

Filhaal Andhero ke akelepan mein mehfil dhoond raha hoon

Filhaal raato mein yaadon ke pal dhoond raha hoon

Jo na mil sake woh saare sawalo ke hal dhoond raha hoon

Main khud ke hi likhe gazal dhoond raha hoon

Shayad kisi purani baat se koi baat nikal aaye

Dabe umeedo se koi jasbat nikal aye

Jab tak neend ka sath na mile tab tak ye koshish jaari hai....abhi to mano har ek karwat bhari hai...

Jaise mano mere dil ne mujhse hi bagawat kar liya ho

zindagi ne jaise khud hi se shikayat kar liya ho...

khuli nigaho ne Dil se izhare mohobbat kar liya ho...

जो सोचा था ज़िंदगी तू वो नहीं है...

मैं जो था मुझमे वो नहीं है...

वक्त की ये दरार मिट ती नहीं

ये छाले जल रहे हैं हर कदम पर

कहां जाऊं खुद से छुपकर मैं अभी

ये मेरे संग चल रहे हैं हर कदम पर...

बिखर गया हूं मैं बस चेहरे पर मुस्कुराहट है

कोशिश करु भी तो क्या

सब बनावट है

खुद संभलने का जोश नहीं

अजीब सी दिक्कत है...

जो पाया था जो हासिल हुआ

धुँदला है धुँआ है

मेरे बीते हुए कल को कुछ हुआ है

जो लम्हा मेरा था

मुझमे वो नहीं है...

मैं जो था मुझमे वो नहीं है...

जो सोचा था ज़िंदगी तू वो नहीं है...

Jo socha tha zindagi tu woh nahi hai...

Main Jo tha mujhme woh nahi hain...

Wakt ki darare mit ti nahi

Ye chale jal rahe hai har kadam par

Kaha jaun khud se chupkar main abhi

Ye mere sang chal rahe hai har kadam par..

Bikhar Gaya hoon main bas chehre pe muskurahat hai

Koshish Karu bhi to kya

Sab banawat hai

Khud sambhalne ka josh nahi

Ajeeb si dikkat hai...

Jo paya tha Jo hasil hua

Dhundla hai dhua hai

Mere beete hue kal ko kuch hua hai

Jo lamha Mera tha

mujhme woh nahi hain...

Main Jo tha mujhme woh nahi hain...

Jo socha tha zindagi tu woh nahi hai...

अगर वक्त से कुछ सीखा होता तो सब्र बाकी होता मुझमें

थोड़ी ज़िंदगी बाकी होती

कुछ उम्मीद तो होते खर्च करने को...

हर कदम तेरा साथ दिया वजह बेवजा

तुझे सब कुछ मान लिया ना जाने किस तरह

गर तूने इश्क से कुछ सीखा होता

तो थोड़ी फ़िक्र बाकी होती तुझमे

थोड़ी ज़िंदगी बाकी होती

कुछ उम्मीद तो होते खर्च करने को...

तुझे माफ़ करने का दिल नहीं करता

तुझे सजा देने को दिल नहीं करता

इस दर्द को संजो रखा है इसी लिए

कि कहीं तो तेरा ज़िक्र बाकी होता मुझमें...

थोड़ी ज़िंदगी बाकी होती

कुछ उम्मीद तो होते खर्च करने को...

Gar wakt se kuch seekha hota to sabr baaki hota mujhme

Thodi zindagi baaki hoti

kuch umeed to hote kharch karne ko...

Har kadam Tera sath diya wajah bewajah

Tujhe sab kuch maan liya na jaane kis tarah

Gar tune is ishq se kuch seekha hota

To thodi fikr baaki hoti tujhme

Thodi zindagi baaki hoti

kuch umeed to hote kharch karne ko...

Tujhe maaf karne ka Dil nahi karta

 Tujhe sazaa Dene ko Dil nahi karta

Is dard ko sanjo rakha hai isi liye

Ki kahi to Tera zikr baaki hota mujhme...

Thodi zindagi baaki hoti

kuch umeed to hote kharch karne ko...

तुझसे इतना प्यार किया कि अब और प्यार नहीं होता मुझसे

तूने जब दूर जाने का जिक्र किया ये दिल मेरा रूठा मुझसे

यकीन नहीं होता जो संभाले रखा था अपनी जान से बढ़कर

ना जाने कैसे वो आईना टूटा मुझसे!!

Tujhse itna pyaar kiya ki ab aur pyaar nahi hota mujhse

Tune jab door jaane ka zikr kiya ye dil mera rootha mujhse

Yakeen nahi hota jo sambhale rakha tha apni jaan se badhkar

Na jaane kaise woh Aina toota mujhse!!

अब कोई गम मन को उदास नहीं करता

अब कोई चुनौति मन को विचलित नहीं करती

सुख की अनुभूति नहीं होती अब मुझे

हर मंज़र को अपना लेता हूँ

ज़िंदगी तू जो भी दे उसे अपना बना लेता हूं

हौसला है कि ये भी पार कर लूंगा

जितनी भी अड़चन क्यों ना हो हर बार कर लूंगा

अपनी प्यास बुझा सकु ऐसी नदियों की तलाश नहीं

तू जो भी मेरा नाम कर स्वीकार है

ये मेरा समर्थ नहीं मेरी उदासीनता है जिसका कारण हर गम
निराकार है...

इसे मोक्ष की परिभाषा में मिश्रित नहीं होने दूंगा

मैं मोक्ष से परे कोसो दूर हूं

पर सत्य को अपना के चलना सीख गया...

मैं स्वप्न लोक से स्वयं निष्कषित जरूर हूं!!

---

b koi gam mann ko udaas nahi karta

Ab koi chunouti mann ko vichalit nahi karti

Sukh ki anubhuti nahi hoti ab mujhe

Har manzar ko apna leta hoon

Zindagi tu jo bhi de use apna bana leta hoon

Hausla hai ki ye bhi paar kar lunga

Jitni bhi adchan kyo na ho har baar kar lunga

Apni pyaas bujha saku aisi nadiyo ki talash
nahi

tu jo bhi mere naam kar sweekar hai

Ye mera samarthya nahi meri udaaseenta hai
jiske karan har gam nirakaar hai...

Ise moksh ki paribhasha mein misrit nahi hone
dunga

Main moksh se pare koso door hoon

Par Satya ko apnake chalna seekh Gaya ..

Main swapna lok se swayam
nishkashit zaroor hoon!!

ऐ बचपन तुझे हम बहुत याद करते हैं

वो मासूम झगड़े

वो बेख़ौफ़ खिलखिलाना

दर्द भी माँ के आँचल से डरता था

और हिम्मत पापा के कंधों पर हुआ करती थी

ज़िम्मेदारियों का मतलब मालूम नहीं

अमीरी तो एक चॉकलेट से भी हुआ करती थी

झूठ को हमेशा गलत ही जानता था मैं

आज तो झूठ के भी कई रंग हुआ करते हैं

ऐ बचपन तुझे हम बहुत याद करते हैं

अंगिनत ज़ख़्मों के बीच

"सब ठीक है" ऐसा बताते हैं

अपनों के बीच भी क्यों आख़िर

खुद को अकेला पाते है

और हम बचपन की नाजुक सोच को

आज बचपना कहते हैं

जी करता है बेफिक्र एक बार जी भर के रो लूं

जी करता है माँ की गोद में घंटो सो लूं

जी करता है माँ के आँचल में सिमट जाऊँ

जी करता है पापा के सीने से लिपट जाऊं

सच कहते हैं कि लौट कर नहीं आते वो वक्त जो गुज़रते हैं

ऐ बचपन तुझे हम बहुत याद करते हैं!

Ay Bachpan tujhe hum bahut yaad kiya karte
hai

Woh masoom jhagde

Woh bekhauf khilkhilana

Dard bhi maa ke aanchal se darti thi

Aur himmat papa ke kandho pe hua karti thi

Zimmedariyon ka matlab maloom na tha

Amiri to ek chocolate se bhi hua karti thi

Jhoot ko hamesha galat hi janta tha main

Aaj to jhoot ke bhi kayi rang hua karte hai

Ay Bachpan tujhe hum bahut yaad kiya karte
hai

Rote the dil kholkar kabhi

Aaj tanhaiyo mein bhi muskurate hai

Anginat zakhmo ke beech

"Sab theek hai" aisa batate hai

Apno ke beech bhi kyo akhir

Khud ko akela paate hai

Us bachpan ki nazuk soch ko

Aaj bachpana kehlate hai

Ji karta hai befikr ek baar ji bhar ke ro loon

Ji karta hai maa ki god

Ghanto so loon

Ji karta hai maa ke aanchal mein simat jaun

Ji karta hai papa ke sine se lipat jaun

Sach kehte hai ki laut kar nahi aate woh wakt
jo guzarte hai

Ay Bachpan tujhe hum bahut
yaad kiya karte hai!

ज़िंदगी मैं नहीं तुझसे सब परेशान हैं

पर सांसो से मोहोल्लत मांगी है तेरे हालात से लड़ने के लिए...

ख़ुद की पहचान हमेशा बरक़रार रखी है

ये बहुत जरूरी है आगे बढ़ने के लिए...

हमने खुद से जंग छेड़ कर जीता है वरना

आसां भी थी, मौके भी हालात भी टूट कर बिखर के लिए!!

Zindagi main nahi tujhse sab pareshaan hai

Par sanso se mohollat mangi hai tere halato se ladne ke liye...

Khud ki pehchaan hamesha barkaraar rakhi hai

Ye bahut zaruri hai aage badhne ke liye....

Humne khud se Jung ched kar jeeta hai warna asaan bhi tha, Mauke bhi the halaat bhi the toot kar bikhar ke liye!!

ज़िंदगी में इंतज़ाम तो बहुत है

पाने को मकाम तो बहुत है

तेरा नाम भी कहीं खो जाएगा इस रिश्ते में

दुनिया में ऐसा नाम तो बहुत है

चुन ले कोई राह गर समझ नहीं आये

हर राह पे अंजाम तो बहुत है

टूट जाएगा गर इंसान भी तो क्या फर्क पड़ता है

यहां ऐसे शीशो के समान तो बहुत है

बिखरे टुकड़ों में कई चेहरे दिखते हैं

बस समझ लो कि हर इंसान की पहचान तो बहुत है!!

Zindagi mein intezaam to bahut hai

Pane ko makaam to bahut hai

Tera naam bhi kahi kho jayega is bheed mein

Duniya mein aise naam to bahut hai

Chun le koi raah gar samaj nahi aaye

Har rah pe anjaam to bahut hai

Toot jaye gar insaan bhi to kya fark padta hai

Yaha aise sheesho ke samaan to bahut hai

Bikhre tukdo mein kai chehre dikhte hai

Bas Samaj lo ki har insaan ki
pehchaan to bahut hai!!

तेरी ज़िंदगी तेरा सफर है

तुझे हक है कि तू अपना शहर खुद चुन ले...

जिस छाँव में ठहराव का इरादा हो

वो ठहर खुद चुन ले...

किसी और के चुने घोसलो में कब तक रुकेगा...

अपना बसर खुद चुनले...

ज़िंदगी अमृत और विष का मिलन है...

ये तेरा हक है कि तू अपना अमृत और अपना जहर खुद चुन ले...

Teri zindagi tera safar hai

Tujhe haq hai ki tu apna sharah khud chun le..

Jis chaav mein thehraav ka iraada ho

Woh theher khud chun le..

Kisi aur ke chune ghoslo mein kab tak rukega...

Apna basar khud chunle..

Zindagi amrit aur vish ka milan hai..

Ye tera haq hai ki tu apna amrit aur apna
zeher khud chun le..

रहगुज़र में गुज़रे के सुकु तक जाना था

धुप छाँव से परे लहू तक जाना था

ये आँखे तो बस जरिया है

मुझे तो उसके रूह तक जाना था

Rehguzar mein guzre ke suku tak jaana tha

Dhoop chaanv se pare lahoo tak jaana tha

Ye aankhe to bas zariya hai

Mujhe to uske ruh tak jaana tha

फिर कभी....

पेशेवर हूं जीने का काम करता हूं..

देखेंगे नफ़ा नुक्सान फिर कभी....

गम और ख़ुशी से कहाँ फुरसत मिलती है..

अपने हिस्से का आराम फिर कभी....

खर्चे वक्त के हिसाब लम्हों के और कमाई यादों की चलती रहेगी...

खुद के साथ वो एक शाम फिर कभी...

इश्क इबादत उम्मीद और हिम्मत का साथ नहीं छूटेगा..

सोचेंगे क्या होगा अंजाम फिर कभी...

दिल की बात बतानी है थोड़ी झिझक सी है दिल में

भेजेंगे उनको भी पैगाम फिर कभी...

खुद से निकल आया हूं खुद की पहचान करने

ये शिनाख्त भी होगी सारे आम फिर कभी...

आज इश्क़ करले दुनिया भूलाकर?

होते रहेंगे बदनाम फिर कभी...

जो छूट गए जो रूठ गए वो भी दिल में है शामिल

वो दिन भी आएगा जब वो लेंगे मेरा नाम फिर कभी...

Phir Kabhi

Peshevar hoon jeene ka kaam karta hoon..

Dekhenge Nafa nuksaan phir kabhi.....

Gham aur Khushi se kaha fursat milti hai..

Apne hisse ka araam phir kabhi.....

Kharche wakt ke hisaab lamho ke aur kamai
yaadon ki chalti rehegi...

Khud ke sath woh ek shaam phir kabhi...

Ishq ibadat umeed aur himmat ka sath nahi
chootega..

Sochenge kya hoga anjaam phir kabhi...

Dil ki baat batani hai thodi jhijhak si hai Dil
mein

Bhejenge unko bhi paigaam fir kabhi...

Khud se nikal aya hoon khud ki pehchan karne

Ye shinakht bhi hogi sare aam phir kabhi...

Aaj ishq karle duniya bhulakar?

Hote rahenge badnaam phir kabhi...

Jo choot gaye Jo rooth Gaye woh bhi Dil mein hai shamil

Woh din bhi ayega jab woh lenge mera naam phir kabhi...